Franz Joseph Schwarz, J Klein

Die göttliche Offenbarung von Jesus Christus nach der sogenannten Armenbibel

Franz Joseph Schwarz, J Klein

Die göttliche Offenbarung von Jesus Christus nach der sogenannten Armenbibel

ISBN/EAN: 9783743319660

Hergestellt in Europa, USA, Kanada, Australien, Japan

Cover: Foto ©Lupo / pixelio.de

Manufactured and distributed by brebook publishing software (www.brebook.com)

Franz Joseph Schwarz, J Klein

Die göttliche Offenbarung von Jesus Christus nach der sogenannten Armenbibel

Die göttliche Offenbarung von Jesus Christus

nach der sogenannten Armenbibel.

Herausgegeben

von

Dr. Franz Joseph Schwarz.

Mit 28 Bildern von Professor J. Klein.

Zweite Auflage.

Mit Approbation des hochw. Herrn Erzbischofs von Freiburg.

Freiburg im Breisgau.
Herder'sche Verlagshandlung.
1884.
Zweigniederlassungen in Straßburg, München und St. Louis, Mo.

Inhalt.

		Seite
1.	Verkündigung Mariä	2
2.	Geburt Christi	4
3.	Anbetung der heiligen drei Könige	6
4.	Darstellung im Tempel	8
5.	Flucht nach Aegypten	10
6.	Taufe Christi	12
7.	Begnadigung der Büßerin Maria Magdalena	14
8.	Auferweckung des Lazarus	16
9.	Verklärung Christi auf Tabor	18
10.	Einzug Christi in Jerusalem	20
11.	Das heilige Abendmahl	22
12.	Jesus am Oelberg	24
13.	Judas verräth mit einem Kusse den Menschensohn	26
14.	Christus wird von Herodes verspottet	28
15.	Geißelung Christi	30
16.	Dornenkrönung und Verspottung Christi	32
17.	Ecce homo	34
18.	Christus trägt das Kreuz auf den Calvarienberg	36
19.	Kreuzigung Christi	38
20.	Die Seitenwunde	40
21.	Christus wird in den Schooß seiner Mutter gelegt	42
22.	Grablegung Christi	44
23.	Christus in der Vorhölle	46
24.	Auferstehung Christi	48
25.	Himmelfahrt Christi	50
26.	Sendung des heiligen Geistes	52
27.	Krönung Mariä	54
28.	Das jüngste Gericht	56
	Gebet	58

Armenbibel.

1. Verkündigung Mariä.

1. Verkündigung Mariä.

Das Leben Jesu, prophetisch und vorbildlich im Alten Bunde geoffenbart, im Neuen Bunde verwirklicht, das ist kurz der Inhalt dessen, was wir Armenbibel nennen. Das menschliche Leben der zweiten göttlichen Person oder des „Wortes" fängt mit dem Augenblick an, da der heilige Geist auf das Wort Mariä hin: „Siehe ich bin die Magd des Herrn", die Menschheit Jesu in ihrem reinsten Schooße erschaffen hat. In diesem Augenblicke ist das größte Wunder geschehen, das der hl. Apostel Johannes mit den Worten beschreibt: „Und das Wort ist Fleisch geworden und hat unter uns gewohnt." Das Leben Jesu beginnt also mit der evangelischen Begebenheit, die wir in unserem kirchlichen Sprachgebrauche „Verkündigung Mariä" nennen. Diese Begebenheit stellt das Mittelbild dar. Der Schrifttext darunter enthält den Gruß des Engels: „Gegrüßet seist du, Maria, du Gnadenvolle, der Herr ist mit dir." So nennt sie der Engel, weil sie ohne Sünde empfangen, frei von jeder Neigung zur Sünde und derart in der Gnade bestärkt ist, daß sie ihr Leben lang ihre Seele mit keiner, auch nicht der leichtesten persönlichen Sünde befleckte, weil sie endlich schon im Augenblicke ihrer Erschaffung so voll der Gnade, der göttlichen Liebe und aller Tugenden und Gaben des heiligen Geistes war, daß sie selbst alle Engel und Seraphine darin übertraf. Mit dieser Gnadenfülle ist die Jungfrau Maria in Folge ihrer von Ewigkeit her durch göttlichen Rathschluß beschlossenen Auserwählung zur Mutter Jesu ausgestattet worden. Dieser Rathschluß wurde schon den sündigen Stammeltern geoffenbart, als Gott zur Schlange sprach: „Ich will Feindschaft setzen zwischen dir und dem Weibe, und zwischen deinem und ihrem Samen: sie wird dir den Kopf zertreten und du wirst ihrer Ferse nachstellen" (1 Mos. 3, 14. 15). So war es also zu allen Zeiten und für Alle Gegenstand des göttlich geoffenbarten Glaubens, was heute die heilige katholische Kirche bekennt, daß die Mutter Gottes Maria, durch das engste und unzertrennlichste Band mit ihrem göttlichen Sohne vereinigt, zugleich mit ihm und durch ihn ewige Feindschaft gegen die giftige Schlange übend und vollständig über sie triumphirend, deren Haupt mit unbeflecktem Fuße zertrat. Diese Uebereinstimmung ist versinnbildet durch die Darstellung des Vorbildes links unter dem Hauptbilde und den Schrifttext: inimicitias ponam, d. h. „ich will Feindschaft setzen", der sich oben fortsetzt mit den Worten: inter te et mulierem, d. h. „zwischen dir und dem Weibe" u. s. f. Dieselbe Offenbarung thut der Prophetenspruch kund: ecce virgo concipiet, siehe eine Jungfrau wird empfangen und einen Sohn gebären (Jesai. 7, 14).

Das zweite Vorbild stellt Gedeon und das Wunder mit dem Thierfell dar, das uns in dem Buch der Richter 6, 36—40 also erzählt ist: „Und Gedeon sprach zu Gott: ‚Willst du Israel durch meine Hand erretten, so lege ich dieses Fell mit der Wolle auf die Tenne: wird Thau sein auf dem Felle allein, auf dem ganzen Boden Trockenheit, so will ich daran erkennen, daß du durch meine Hand, wie du gesprochen, Israel erretten willst.' Und es geschah also. Denn da er Nachts aufstand und das Fell ausdrückte, füllte er eine Schale mit Thau. Und er sprach wiederum zu Gott: ‚Es ergrimme dein Zorn nicht über mich, wenn ich noch einmal versuche, ein Zeichen an dem Felle zu erlangen. Ich bitte, daß das Fell allein trocken sei, und der Boden mit Thau befeuchtet.' Und Gott that in jener Nacht, wie er verlangt hatte: und es war Trockenheit auf dem Felle allein und Thau auf dem ganzen Boden." Dieses Vorbild erklärte der hl. Bernhard also: „Das ohne Verletzung des Fleisches vom Fleische geschorene Fell, das auf die Dreschtenne gelegt wird, so daß das eine Mal die Wolle, das andere Mal die Erde vom Thau benetzt wird, bedeutet nichts Anderes, als das vom Fleische der Jungfrau Maria ohne Verlust ihrer Jungfrauschaft angenommene Fleisch Jesu." Damit stimme, fügt er bei, sehr schön das prophetische Wort im 71. Psalm 6. Vers überein: „Er wird herabkommen wie der Regen auf das Fell und wie Regentraufel auf die Erde." Diese Schriftstelle beziehen die heiligen Kirchenväter auf das Fell Gedeons und sagen, es sei in derselben angedeutet, daß der Erlöser in den Schooß der allerheiligsten Jungfrau herabsteigen werde, ohne ihre Jungfräulichkeit zu verletzen. Dieses Wunder ist es auch, welches der auf unserm Bilde weiter ausgeführte Prophet vorhersagt mit den Worten: „Der Herr schafft Neues auf Erden, ein Weib wird einen Mann einschließen" (Jeremias 31, 22). Die heiligen Väter Justinus, Cyprian, Augustinus, Hieronymus und der größte Theil der christlichen Ausleger verstehen diese Worte von der wunderbaren Menschwerdung des Sohnes Gottes aus Maria der Jungfrau. So ist also der christliche Glaube über dieses Geheimniß von Anfang der Welt an geoffenbart und die christliche Welt hat sich dieser Einheit des Glaubens zu allen Zeiten gefreut.

2. Geburt Christi.

2. Geburt Christi.

„Jesus, geboren aus der jungfräulichen Mutter." Die Darstellung dieser Glaubenswahrheit, ihre prophetische und vorbildliche Offenbarung vor Christi Ankunft und ihre Verwirklichung in Christi Geburt ist Gegenstand der zweiten Tafel. Der prophetische Spruch, der in dem einen Spruchband aus Jesaias 9, 6 angezogen ist, jubelt in Voraussicht des frohen Tages der Geburt: „Ein kleines Kind ist uns geboren und ein Sohn ist uns gegeben." Der Prophet Michäas mit dem andern Spruchband preist Bethlehem im Stamme Juda glücklich, weil er es aus Gottes Eingebung als zukünftigen Geburtsort Jesu erkennt: „Und du, Bethlehem, bist zwar klein unter den Fürstenstädten Israels; aber aus dir wird mir hervorgehen der Herrscher Israels; sein Ausgang ist von Anbeginn, von den Tagen der Ewigkeit." Die Offenbarung in den Vorbildern beleuchtet die Wahrheit noch heller. Da ist auf der andern Seite der brennende Dornbusch, von welchem das 2. Buch Mos. 3, 2—5 also erzählt: „Und der Herr erschien ihm (dem Moses) in einer Feuerflamme mitten aus einem Dornbusche, und er sah, daß der Dornbusch brenne und nicht verzehrt werde. Da sprach Moses: „Ich will hingehen und schauen diese große Erscheinung, warum der Dornbusch nicht verbrennt!" Als aber der Herr sah, daß er hinging zu sehen, rief er aus dem Dornbusche und sprach: „Moses, Moses!" Und er antwortete: „Hier bin ich!" Der Herr aber sprach: „Löse deine Schuhe von deinen Füßen, denn der Ort, worauf du stehst, ist heiliges Land.' Darnach gab ihm Gott das Amt, sein Volk Israel aus der Knechtschaft Aegyptens in das Land der Verheißung zu führen. Dieser Dornbusch, der brennt und nicht verbrennt, ist nach den heiligen Vätern Maria, die Mutter Jesu ohne Verletzung ihrer Jungfräulichkeit. Die nämliche Deutung geben die heiligen Väter dem anderen Vorbild von dem wunderbar blühenden Stab Aarons, wovon das 4. Buch Mos. 17. Kap. erzählt: „Der Herr redete zu ihm und sprach: „Rede zu den Söhnen Israels und nimm von ihnen je einen Stab nach ihren Geschlechtern, von allen Fürsten der Stämme, zwölf Stäbe, und schreibe eines jeglichen (Fürsten) Namen auf seinen Stab. Aber der Name Aarons soll auf dem Stamme Levi sein und je ein Stab soll besonders für alle Geschlechter sein; und du sollst sie legen in das Zelt des Bundes vor das Zeugniß (d. h. die Bundeslade), wo ich mit dir reden werde. Und welchen ich aus ihnen erwählen werde, dessen Stab wird grünen; und ich will so der Klagen Israels mich erwehren, worin sie gegen euch murren.' Und Moses redete zu den Söhnen Israels und es gaben ihm alle Fürsten Stäbe nach den einzelnen Stämmen: und der Stäbe waren zwölf außer dem Stabe Aarons. Da legte sie Moses vor den Herrn in das Zelt des Zeugnisses; und als er des andern Tages wieder hinging, fand er grünend den Stab Aarons des Hauses Levi; den vollen Knospen erblühten Blumen, welche, die Blätter ausbreitend, zu Mandeln sich gestalteten." Beide Vorbilder zusammenfassend, deutet sie der hl. Bernhard also: „Jener Dornbusch des Moses, Flammen aussendend, aber nicht verbrennend, was Anderes offenbart er, als Maria, welche ihren Sohn gebiert und (weil sündenlos und jungfräulich, dem Sündenfluch nicht unterworfen) keine Schmerzen hat? Was die Ruthe Aarons, welche blüht, ohne saftig zu sein, als diejenige selbst, welche empfangen hat, ohne einen Mann zu erkennen?" Von dieses großen Wunders noch größerem Geheimniß (eben dem, welches mit der Geburt Jesu in Erfüllung geht) redet prophetisch Jesaias, indem er weissagt: „Eine Ruthe wird ausgehen aus der Wurzel Jesse und aus ihrer Wurzel wird eine Blume erblühen", indem er unter der Ruthe die Jungfrau, unter der Blume die Geburt der Jungfrau versteht.

3. Anbetung der heil. drei Könige.

3. Anbetung der heil. drei Könige.

Daß im Alten Bunde die Anbetung des Jesuskindes als des ewigen Königs aller Völker der Erde prophezeiet sei, das bezeugt uns die Quelle und beste Fundgrube der übernatürlichen Wahrheit, die beste Auslegerin der heiligen Schriften, die heilige Kirche selbst. Unter ihre größten Feste gehört das Fest der Erscheinung Christi, auch das Fest der heiligen drei Könige genannt. Es gehört ja mit zu dem größten Ruhme ihres Hauptes, daß alle Nationen ihn als ihren Erlöser anerkennen und anbeten, nicht bloß die nach seiner Geburt kommenden, sondern auch die, welche vor seiner Ankunft gewesen sind. In dem heiligen Officium des genannten Festtages, in der ersten und zweiten Vesper wie in der heiligen Messe ist die Prophezeiung im Psalm 71, 10: „Die Könige von Tharsis und die Inseln werden Geschenke opfern, die Könige von Arabien und Saba werden Gaben bringen"; ferner die Weissagung des Propheten Jesaias 60, 6: „Eine Fluth von Kameelen wird dich bedecken, Dromedare aus Madian und Epha. Aus Saba kommen Alle, opfern Gold und Weihrauch und verkünden das Lob des Herrn" — ausdrücklich auf die Ankunft der heiligen drei Könige aus dem Morgenlande, auf die Anbetung und die Geschenke, die sie dem neugeborenen Könige der Welt darbringen, bezogen. Der Prophet Michäas weissagt von dem Kommen der Völker zu Jesu, dem Lehrer der göttlichen Offenbarung, in Kap. 4, V. 2 also: „Und es eilen dahin viele Völker und sprechen: ‚Kommet, laßt uns hinaufziehen zum Berge des Herrn und zu dem Hause des Gottes Jakobs, daß er seine Wege uns lehre, und daß wir wandeln auf seinen Pfaden'; denn von Sion wird ausgehen das Gesetz und das Wort des Herrn von Jerusalem." Dieß ist es auch, was uns die beiden Prophetenbilder mit ihren Spruchbändern auf unserer dritten Darstellung vor Augen führen. Der in der Giebelverzierung erscheinende Stern, auf den einer der Heiligen hinzeigt, der Stern Jesu, den sie im Morgenlande gesehen haben, ist nach der vierten Antiphon in den Landes der Vigil des Erscheinungsfestes prophezeit in den Worten des 4. Buches Mosis 24, 17: „Ein Stern geht auf aus Jakob." Die Antiphon zeigt zugleich die Erfüllung der Weissagung, indem sie sagt: „Aufgegangen ist der Stern aus Jakob, die Jungfrau hat den Heiland geboren." Aber auch durch vorbildliche Thaten, die Gott gefügt, ist das Kommen der Völker zu Jesu, die seine Weisheit und seine Lehren hören wollen, geoffenbart worden. So verstehen die Väter nach Anleitung der Schrift und der Kirche die Ankunft der Königin von Saba, die nach Jerusalem eilte, um von Salomon weise Lehren und Aufschluß über alles zu empfangen, was sie auf ihrem Herzen hatte. „Und Salomon," sagt das 3. Buch der Kön. 10. Kap., „belehrte sie über alle Worte, die sie vortrug; es war kein Wort, das dem König verborgen sein konnte, worauf er ihr nicht geantwortet hätte ... Und sie sprach zu dem König: ‚Wahr ist die Rede, die ich hörte in meinem Lande von deinen Reden und von deiner Weisheit ... Selig sind deine Leute und selig deine Knechte, die vor dir stehen immerdar und deine Weisheit hören ...' Und sie gab dem König hundertundzwanzig Talente Goldes und Spezereien überaus viel ... Und der König Salomon gab der Königin von Saba alles, was sie wollte und von ihm begehrte, außer dem, was er ihr sonst gab an königlicher Gabe." Einer der Schrifterklärer faßt alle Aussprüche der Kirchenväter zusammen in den Worten: „Wie die Königin von Saba zu Salomon, so kommt die Kirche aus der Heidenwelt zu Christus, um die Wissenschaft des Heils zu schöpfen." Dieß stellt das Vorbild zur rechten Seite dar; das zur linken zeigt den Heerführer des von Gott verworfenen Königshauses Saul, welcher mit zwanzig weiteren Obersten des Heeres zu dem von Gott gesalbten König David nach Hebron kommt, um die bisher getrennten Stämme Israels der rechtmäßigen Herrschaft Davids zu unterwerfen, wie die heilige Schrift im 2. Buch der Könige 3. Kap. erzählt. Das Volk Israel deutet vorbildlich die Heiden an, welche mit Christus vereinigt zu werden sich sehnen.

4. Darstellung im Tempel.

4. Darstellung im Tempel.

Das Prophetenwort des Malachias Kap. 3, 1: „Siehe, ich sende meinen Engel, daß er den Weg bereite vor mir her", ist von Jesus in seiner Bedeutung selbst erklärt worden bei Matth. 11, 10, wo er spricht: „Denn dieser (nämlich Johannes der Täufer) ist es, von dem geschrieben steht: Siehe, ich sende meinen Engel (Gesandten) vor mir her" u. s. w. Somit ist es auch klar, daß der Prophet Malachias die Ankunft, d. i. die Aufopferung Jesu im Tempel zu Jerusalem prophezeit, wenn er fortfährt: „Und alsbald wird zu seinem Tempel kommen der Herrscher, den ihr suchet, und der Engel des Bundes (d. h. der Gesandte Gottes, der einen neuen Bund errichtet), nach dem ihr verlanget." Dieselbe Vorhersagung macht der 10. Psalm, Vers 5: „Der Herr ist in seinem heiligen Tempel." So ist also die gnadenreiche Erscheinung des neugeborenen Heilandes in seinem Tempel schon dem Alten Bunde als zukünftig geoffenbart durch die Propheten, nicht minder aber auch vorbildlich, und zwar in Anna, der Mutter des Hohenpriesters und Richters Samuel. Sie hatte ihn in Folge eines Gelübdes empfangen, wie das 1. Buch Samuels Kap. 1 erzählt. Darum gab sie ihm auch den Namen Samuel, d. h. der von Gott erbetene Sohn. Als sie ihn ganz nach dem mosaischen Gesetz 2. Mos. 13, 2 dem Herrn heiligte und im Tempel opferte, brach sie in die prophetischen Worte aus, die im 2. Kap. des 1. Buches Samuel aufgezeichnet und wie das Magnifikat Mariä vom heiligen Geiste eingegeben sind. Der hl. Augustinus widmet diesen Worten Anna's eine lange und ausführliche Erklärung, daß sie nicht die Worte einer einzelnen Mutter seien, die sich über die Geburt eines Sohnes freut. So weit, fügt er bei, sei der Sinn des Menschen nicht von der Wahrheit abgewendet, daß er nicht einsehe, die Worte, die sie gesprochen, überschreiten weit den Kreis einer einfachen Mutter. Vielmehr ist nach ihm Anna, deren Namen soviel bedeutet als Gnade, die Stellvertreterin der Gnade der christlichen Religion, der Stadt Gottes, deren Gründer Christus ist. „So möge also" — fährt der hl. Augustinus in seiner Erklärung fort — „so möge also die Kirche Christi, die Stadt des großen Königs, sie, die voll ist der Gnade, fruchtbar an geistiger Nachkommenschaft, sprechen, was eine fromme Mutter in ihrem Namen voraus verkündet hat: ‚Es frohlocket mein Herz in dem Herrn, es erhöhet sich mein Horn (d. i. Stärke) in meinem Gott; es thut sich auf mein Mund über meine Freude, denn ich freue mich in deinem Heile.' Christus ist der Erretter, den der greise Simeon, wie im Evangelium geschrieben steht, in seine Arme nahm, sprechend: ‚Nun, Herr, lässest du deinen Diener im Frieden scheiden, denn meine Augen haben dein Heil gesehen.' Es möge die Kirche ausrufen, wie Anna: ‚Ich freue mich in deinem Heile. Denn es ist Niemand heilig, wie der Herr; es ist kein Anderer, außer dir, und Niemand stark, wie unser Gott.'" · So der hl. Augustinus (civ. dei lib. 17, cap. 4).

5. Flucht nach Aegypten.

5. Flucht nach Aegypten.

Die Ueberschrift des Hauptbildes: Qui consurgens u. s. f. heißt: Er (Joseph) stand auf, nahm das Kind und seine Mutter in der Nacht und floh nach Aegypten. Auch diese Begebenheit ist im Alten Bunde theils vorbildlich, theils prophetisch vorhergesagt. Der hl. Apostel Paulus sagt in dem ersten Brief an die Christen in Korinth 10. Kap., 11. Vers: „Alles geschah ihnen (den Israeliten im Alten Bunde) zum Vorbild." Ein Schriftausleger bedient sich zur Erklärung dieses apostolischen Ausspruchs der Worte des hl. Augustinus, nicht bloß die Reden jener Männer (welche Vorbilder Jesu im Alten Bunde waren), sondern auch ihre Lebensereignisse seien eine Weissagung (von dem Erlöser); ja das ganze Reich des hebräischen Volkes (seine Geschichte) sei ein großer Prophet, weil Prophet des großen Propheten. Dieß gilt ganz besonders von jenen Männern, welche ganz hervorragende Propheten und Vorbilder des Messias waren, und deren Leben unter einer ganz besonderen Leitung und Führung Gottes stand. Dazu gehören unter Andern der Patriarch Jakob und der königliche Prophet David. Von Jakob berichtet die heilige Schrift, er sei von seinem Bruder Esau wegen des Segens, mit dem ihn sein Vater Isaak gesegnet habe, immer gehaßt worden, so sehr, daß Esau den Entschluß faßte, Jakob zu tödten. Darum redete die Mutter Rebekka zu ihrem Sohne Jakob: „Siehe, Esau, dein Bruder, droht dich zu tödten. Darum höre nun, mein Sohn, auf meine Stimme, und mache dich auf und fliehe zu Laban, meinem Bruder, in Haran, und wohne bei ihm einige Tage, bis der Grimm deines Bruders sich stillet und sein Zorn nachläßt." Und als sie Jakob entlassen hatte, zog er hin und kam nach Mesopotamien zu Laban (1. Buch Mos. 27. und 28. Kap.). In einer Predigt, welche dem hl. Papst Leo zugeschrieben wird, ist mit Bezug auf diese Flucht Jakobs gelehrt: In Jakob hat Christus die Wanderschaft in fremdes Land angetreten, d. h. der vor seinem Bruder fliehende Patriarch Jakob, der Träger aller messianischen Verheißungen ist ein Vorbild des nach Aegypten fliehenden Erlösers. Dieß stellt das Vorbild zur linken Seite unter dem Hauptbild dar: Rebekka treibt ihren Sohn Jakob zur Flucht an, Jakob eilt davon, während sein mit dem Mordplan sich tragender Bruder hinter ihnen steht. Das andere Vorbild stellt eine ähnliche Begebenheit aus dem Leben Davids dar. Als der König Saul den David mit dem Spieß zu tödten vergeblich getrachtet hatte, floh David in sein Haus, zu Michol, seinem Weibe. Saul aber sandte seine Häscher ab, welche vor dem Hause auf ihn lauern sollten, um ihn am andern Morgen zu tödten. Dieß berichtete Michol, das Weib Davids, ihrem Manne, sprechend: „Wenn du dich nicht rettest diese Nacht, morgen mußt du sterben." Da ließ sie ihn durch das Fenster hinab, und er ging hin und floh und wurde gerettet (1. Buch der Könige 19. Kap., 10.—12. Vers). Die eben genannte, dem hl. Leo zugeschriebene Rede sagt hiervon: „In David wurde Christus verfolgt", d. h. David, von dem König Saul verfolgt, ist ein Vorbild des von dem König Herodes verfolgten Messias.

Die beiden Prophetenbilder mit ihren Spruchbändern verweisen auf die Prophezeiung des 54. Psalms, der die Flucht und den Aufenthalt in Aegypten prophezeit: „Siehe, ich floh in die Ferne und blieb in der Wüste", und auf Jeremias 12, 7. Vers: „Ich verlasse mein Haus, verlasse mein Erbe."

6. Taufe Christi.

6. Taufe Christi.

Im Jordan bei seiner Taufe durch Johannes hat Jesus das Sacrament der Taufe eingesetzt. Das preist die heilige Kirche am Feste der Taufe Christi (Erscheinungsfest) mit den Worten: „Heute hat Christus im Jordan unsere Sünden abgewaschen." Das Sacrament der Taufe ist das erste und nothwendigste Sacrament, ohne welches man weder selig, noch auf dieser Welt ein Glied der Kirche und der Gemeinschaft mit Jesu werden kann. Die Taufe verleiht auch das unauslöschliche Merkmal, die Macht, nach Aehnlichkeit Jesu gottähnliche, verdienstliche Werke zu verrichten und in der Auferstehung Jesu ähnlich verwandelt zu werden. Kein Wunder also, wenn das Wasser, die Materie oder das sichtbare Zeichen, womit getauft wird, in der heiligen Schrift mit so ergreifenden Aussprüchen gepriesen wird, wie z. B. im 28. Psalm: „Die Stimme des Herrn ist über den Wassern, der Gott der Heerschaaren donnert; der Herr ist über vielen Wassern. Die Stimme des Herrn kommt in der Kraft, die Stimme des Herrn in der Herrlichkeit." Kein Wunder auch, wenn dieses glorreiche heilige Sacrament prophetisch vorausverkündet wird, wie in den beiden Prophetenworten in der Ueberschrift des Hauptbildes: „Haurietis, d. h. ihr werdet in Freude Wasser schöpfen aus den Quellen des Erlösers" (Jesaias 12, 3). Und: „Effundam super vos, d. h. ich will ausgießen über euch ein reines Wasser und ihr werdet gereinigt werden von allen euren Missethaten" (Ezechiel 36, 25). Und David fordert auf: „In den Versammlungen (das ist in den Kirchen) preiset Gott, ihr von den Wasserquellen Israels", womit die Getauften gemeint sind (Psalm 67, 27).

Aber auch in Vorbildern, welche in der Geschichte des Volkes Israel eine tiefe Bedeutung haben, ist dieses große Sacrament vorherverkündet. Das erste Vorbild ist der Durchgang des Volkes Israel durch das rothe Meer, das andere, hier dargestellte, die von Josue und Caleb aus dem gelobten Land über den Jordan in das Lager Israels getragene außerordentliche Weintraube. Was das erste Vorbild betrifft, so haben es die heiligen Väter allgemein als Vorbild der Taufe Christi anerkannt. So sagt der hl. Ambrosius: „Die Geschichte des Durchzugs durch das rothe Meer war das Geheimniß der Taufe im Vorbild, wie es der Apostel gesagt hat." Er bezieht sich auf den Apostel Paulus, welcher im 1. Briefe an die Korinther 10. Kapitel sagt: „Ich will euch nicht vorenthalten, Brüder, daß unsere Väter alle unter der Wolke waren und alle durch das Meer gingen, und alle durch Moses in der Wolke und in dem Meere getauft wurden." Um nur noch ein Zeugniß für alle andern anzuführen, so lehrt Isidorus: „Das rothe Meer bedeutet die Taufe Christi, die durch sein Blut geheiligt ist. Die den Israeliten in das Meer nachstürzenden Feinde sterben mit ihrem König, weil die Sünden des vergangenen Lebens in der Taufe vertilgt und der Teufel ersäuft wird." Bei den durch Christi Blut geheiligten Taufe muß man auch an die Worte Christi denken: „Ich muß mich mit einer Taufe taufen lassen, und wie drängt es mich, bis es vollbracht ist!" Damit hat er sein Blutvergießen am heiligen Kreuzesstamm gemeint. Die heilige unfehlbare Kirche hat dieses Vorbild sogar in ihre Sprache und Gebete aufgenommen. An dem Tage, wo die Neugetauften zum ersten Male das heilige Sacrament des Leibes und Blutes Christi empfangen, singt sie in dem Lobgesang der Vesper: „Zum königlichen Mahl des Lammes, mit weißen Kleidern angethan, singen wir nach dem Durchzug durch das rothe Meer (Taufe) Christo dem Fürsten unser Lied. Der Todesengel weicht zurück vor den mit dem Blute des Lammes gezeichneten Thürpfosten; das Meer ist getheilt und weicht zurück, die Feinde aber ertrinken in der Fluth." Aus dem gleichen Grunde hat die Kirche die Geschichte des Durchgangs durch das rothe Meer unter die zwölf Prophezeiungen aufgenommen, welche bei der feierlichen Weihe des Taufwassers am Charsamstag gesungen werden.

Josue endlich bringt mit der Traube das andere Vorbild. Jesus selbst ist die Traube, welcher, an der Stange des Kreuzes hängend, uns im Ueberflusse die Frucht des wahren gelobten Landes gegeben hat (nämlich die Frucht seiner Erlösung in dem Sacrament der Taufe). So drückt sich der hl. Paulinus von Nola aus, während der hl. Maximus Jesum also anredet: „O kostbare Traube, welche zum Heil der Welt an ein Holz gehängt wurde! Sie verschafft uns den geistlichen Wein Gottes. Denn gleichwie die Traube, ehe sie den Wein gibt, an den Reben durch die Kunst der Natur hängen bleibt, so wurde Jesus Christus, um uns den kostbaren Wein seines Blutes zu geben, durch eine besondere Vorsehung Gottes an das Kreuz geheftet." Auch hierbei muß man sich wieder an die Taufe erinnern, mit der Jesus am Kreuze in seinem Blute getauft wurde.

So ist schon im Alten Bunde das gnadenreiche Sacrament der Taufe durch Weissagung und Vorbild allen Menschen geoffenbaret worden.

7. Begnadigung der Büßerin Maria Magdalena.

7. Begnadigung der Büßerin Maria Magdalena.

Für uns arme Sünder ist das heilige Bußsacrament das trostreichste nach dem heiligen Sacrament der Taufe. Denn wie viele der Getauften hätten ohne dasselbe Hoffnung, einstens Gott in der ewigen Seligkeit zu schauen! Zum Trost aller büßenden Sünder ist es daher geschehen, daß Magdalena Buße thut und Verzeihung von Jesus erlangt. Sie legt sich selbst die Beschämung auf und erscheint in dem Speisezimmer des Pharisäers, wo Jesus mit den andern Gästen zu Tische saß, stellt sich zu den Füßen Jesu, küßt sie, benetzt sie mit ihren Thränen, trocknet sie mit den Haaren ihres Hauptes und salbt sie mit einer kostbaren Salbe. Sie scheut nicht das verächtliche Urtheil des Pharisäers, sie begehrt nicht Ehre, sondern sehnt sich nach Vergebung ihrer Sünden. Indem sie ihre Sünden bekennt, hat sie sich die größte Demüthigung auferlegt, mit dem Bekenntniß ihrer Schuld aber Gott das werthvollste Sühnopfer der Lippen dargebracht. So preist sie Gott, während sie sich anklagt und bereut. In der Beicht ist die Anklage seiner selbst das Lob Gottes, wie der hl. Augustinus sagt; der hl. Thomas fügt hinzu: „Das Bekenntniß der Sünden gehört zum Lobe dessen, der die Sünden vergibt." Was ist nun aber gerechter, als daß Gott der heilsamen Beschämung gegenüber, womit der reumüthige Sünder Gott ehrt, dem Menschen die Sünden vergibt? Darum auch sprach Jesus zu Maria Magdalena: „Deine Sünden sind dir vergeben. Geh' hin im Frieden" (Luc. 7. Kap.). Diese Worte bilden auch die Ueberschrift des Hauptbildes: Remittuntur tibi peccata. Magdalena blieb aber auch standhaft in ihrer Buße. Nach der Himmelfahrt des Herrn zog sie sich von allem Umgang mit Menschen in eine einsame Höhle zurück, fastete, züchtigte ihren Leib und setzte dieses Leben der Strenge dreiunddreißig Jahre bis zu ihrem Tode fort.

Dieses christlichen Bußsacramentes rechtes Vorbild, ja der beste Lehrer im Alten Bunde ist David in Wort und Werk. Er hat des Urias Weib zur Untreue verleitet und deren Ehemann Urias in treuloser Weise dem Tode preisgegeben. Er bereut seine Schuld, aber nicht wie Saul, der seine Schuld bereut und dem Samuel bekennt aus Ehrsucht, wie er selbst zu Samuel sagt: „Wohlan, ehre mich nur vor den Aeltesten des Volkes", und deßwegen von Gott verworfen wurde. David bereute, weil er Gott beleidigt hatte, weßhalb er ausruft: „Ich habe gesündigt wider den Herrn." Er bekennt seine Schuld vor dem Propheten Nathan, der im Namen Gottes zu dem reumüthigen Sünder spricht: „Der Herr hat deine Sünde hinweggenommen" (1. Buch der Könige 12. Kap.). David setzte die Buße fort, er fastete, zog sich zurück, lag auf der Erde. Seine Bußpsalmen werden immer die ergreifendsten Gebete der Zerknirschung, heiligen Liebesschmerzes und gottinnigen Vorsatzes und Zeugniß davon sein, daß er in heiligem Zorn gegen sich die Sünde in harter Buße gestraft hat. — Ein zweites Vorbild des Bußsacramentes ist Maria, die Schwester des Moses. Sie hatte ihrem Bruder Vorwürfe gemacht, die Gott mißfällig waren. Gott selbst hielt ihr ihre Sünde vor und strafte sie mit der Strafe des Aussatzes. Auf die Fürbitte des Moses verzieh ihr Gott, legte ihr aber eine siebentägige Absonderung außerhalb des Lagers zur Buße auf, bevor sie sollte von dem Aussatz gereinigt werden (4. Mos. 12. Kap.). Beide Vorbilder sind unter dem Hauptbild dargestellt.

Im Prophetenwort Zachariä 1. 3 ist die Aufforderung Gottes an die Sünder, Buße zu thun und die reuevolle Rückkehr zu Gott als Bedingung zur Vergebung ausgesprochen: „So spricht der Herr der Heerschaaren: Bekehret euch zu mir, so werde ich mich zu euch kehren." Der ganze 54. Psalm ist im vorbildlichen Sinne die Klage des Büßers gegen die Feinde seines Heils.

8. Auferweckung des Lazarus.

8. Auferweckung des Lazarus.

Zu den prophetisch vorhergesagten Zeichen, an welchen das Volk Israel erkennen soll, daß der verheißene Erlöser in Jesus wirklich erschienen sei, zählt der göttliche Erlöser selbst die Auferweckung der Todten (Matth. 11. Kap., 4. und 5. Vers). Er hätte ebenso gut mit den prophetischen Worten im 5. Buch Moses 32. Kap., 29. Vers den Abgesandten des Johannes antworten und seine Gottheit beweisen können. Dort steht auch von ihm geschrieben: „So sehet nun, daß ich allein es bin, und daß kein anderer Gott ist außer mir; ich tödte und mache wieder lebendig; ich schlage und ich heile, und Keiner kann erretten aus meiner Hand." Dafür bekennt die von ihm aus den Banden der Sünde und des Todes befreite Menschheit, was der Psalmist zum Lobe des Erlösers prophetisch im Psalm 29, 4. Vers für Alle bekannt hat: „Herr, du zogest meine Seele aus der Hölle, du hast mich befreit von denen, die hinabfahren in die Grube." Dieß Alles zeigen die Prophetenbilder über dem Hauptbild, Auferweckung des Lazarus, an.

In dem Vorbilde zur rechten Seite sieht man eine Mutter, die den Tod ihres Kindes beweint; es ist die Wittwe von Sarepta, welche den Elias in der Hungersnoth gespeißt hatte und deren Sohn nach Gottes Fügung gestorben war. Sie gibt ihren eigenen Sünden die Schuld ihres Unglücks. Da sprach Elias zu ihr: „Gib mir deinen Sohn!" Und er nahm ihn von ihrem Schooße und trug ihn in das Obergemach und legte ihn auf sein Bett. Und er rief zu dem Herrn und sprach: „Herr, mein Gott, hast du der Wittwe, bei der ich zur Noth genährt werde, Leid gethan, ihren Sohn zu tödten?" Und er streckte und maß sich über das Kind dreimal und rief zu dem Herrn und sprach: „Herr, mein Gott, ich bitte, lasse die Seele dieses Knaben in seinen Leib wieder kommen." Und der Herr erhörte ihn, der Knabe wurde lebendig und Elias gab ihn seiner Mutter (3. Buch der Könige 17. Kap.), wie Jesus die Tochter des Jairus und den Jüngling von Naim den trauernden Eltern zurückgab.

Die Todtenerweckungen Jesu sind selbst wieder eine bildliche Belehrung über seine Macht, die Seele von dem Tode der Sünde zum Leben der Gnade zu erwecken. In dieser doppelten Beziehung ist besonders die in der zweiten Darstellung gegebene Todtenerweckung durch den Propheten Elisäus ein Vorbild der Erweckung des Lazarus. Wie im 4. Buch der Könige 4. Kap., 32.—36., Vers erzählt ist, ging Elisäus dabei auf eine ganz eigenthümliche Weise zu Werk, um den verstorbenen Sohn der Sunamitin zu erwecken. Zuerst schickte er seinen Diener Giezi mit seinem Stabe; dieser berührte den Knaben, aber der Todte erstand nicht zum Leben. Alsdann kam der Prophet selbst, er warf sich auf ihn nieder, streckte sich über die Leiche, that seinen Mund auf dessen Mund und seine Augen auf desselben Augen und seine Hände auf desselben Hände; und das Fleisch des Knaben wurde warm. Und er that so zum zweiten Male, und der Knabe gähnte siebenmal und that die Augen auf und lebte. Der Knabe, sagt der hl. Augustin, ist der durch die Sünde (geistig) gestorbene Adam; Giezi ist Moses, der durch das Gesetz allein die Erlösung und die Gnade nicht wiedergeben konnte; der, welcher den Stab geschickt hatte, Gott nämlich, mußte selber kommen; der Stab ohne Elisäus war nichts, weil das Kreuz ohne Christus nichts vermochte. Wie Elisäus in das Sterbegemach, so ging Jesus mit menschlichem Fleische in die Welt ein, um auf den Kreuzesbalken zu steigen. Elisäus beugte sich, um den Knaben zu erwecken; Jesus demüthigte sich, denn Niemand kann einen Liegenden erheben, wenn er sich nicht zu ihm niederbückt. „Mit seinen Augen," fährt der hl. Bernhard fort, „hat er die Augen des innern Menschen berührt, indem er zwei helle Lichter auf seiner Stirne angezündet hat, den Glauben und die Erkenntniß. Er hat seine Hände auf die unsrigen gelegt dadurch, daß er uns das Beispiel seiner guten Werke und das Bild des Gehorsams gibt. Er hat seinen Mund mit dem unsrigen vereinigt und uns den Friedenskuß aufgedrückt, denn er hat die Kinder mit Gott versöhnt und ihnen wiederholt den Odem des Lebens eingehaucht, aber eines heiligeren, als das erste Mal." „Endlich," sagt wieder der hl. Augustinus, „athmete der Knabe siebenmal; das bedeutet die siebenfache Gabe des heiligen Geistes, welche dem menschlichen Geschlechte verliehen wird, damit es wieder erwache."

9. Verklärung Christi auf Tabor.

9. Verklärung Christi auf Tabor.

Kurz vor seinem Leiden stieg Jesus mit Petrus, Jakobus und Johannes auf einen hohen Berg. Da ward er vor ihnen verklärt und sein Angesicht glänzte wie die Sonne, seine Kleider aber wurden weiß wie der Schnee. Und siehe, es erschienen ihm Moses und Elias und redeten mit ihm (Matth. 17, 1—13).

Die in den alten Armenbibeln angeführten Vorbilder der Verklärung Christi aus dem Alten Bunde sind die Abraham gewordene Erscheinung der drei Engel und die drei Jünglinge im Feuerofen. Das erste Vorbild offenbart 1 Mos. 18, 1—4. „Der Herr erschien dem Abraham im Thale Mambre, da er in der Thüre seines Zeltes saß zur heißen Mittagszeit. Und als er seine Augen erhob, erschienen ihm drei Männer, stehend in seiner Nähe, und als er sie sah, lief er ihnen entgegen aus der Thüre seines Zeltes und bückte sich nieder zur Erde. Und er sprach: Herr, habe ich Gnade gefunden vor deinen Augen, so gehe nicht vorüber vor deinem Knechte." Ein alter Schrifterklärer (Corn. a Lap.) führt die Worte des hl. Bischofs Eucherius aus dem 5. Jahrhundert über diese Stelle an; sie lauten: „In den drei Männern, welche zu Abraham kamen, wurde die Ankunft Christi, des Herrn, vorausverkündet, in dessen Begleitung zwei Engel sind, die man für Moses und Elias hält: der eine der Gesetzgeber des alten Gesetzes, welcher durch dasselbe Gesetz die Ankunft des Herrn verkündigte; der andere, welcher am Ende der Welt kommen wird, um seine zweite Ankunft zu verkünden und sein Evangelium zu predigen." So wurde demnach diese Erscheinung als eine der Erfüllung lang vorausgehende Offenbarung jener Begebenheit erkannt, in welcher Moses und Elias an der Seite des verklärten Herrn und Erlösers den Aposteln erschienen.

Von dem zweiten Vorbild erzählt der Prophet Daniel im 3. Kapitel. Der König Nabuchodonosor ließ die drei jüdischen Jünglinge, welche sich weigerten, die von ihm errichtete goldene Bildsäule anzubeten, gebunden in den siebenfach geheizten Feuerofen werfen. Aber sie wandelten mitten in den Flammen und lobten Gott. Und die Diener des Königs hörten nicht auf, den Ofen mit Erdharz, Stoppeln, Pech und dürren Reisern zu erhitzen; die Flammen brachen aus und ergriffen die Chaldäer, die sie bei dem Ofen antrafen. Denn der Engel des Herrn senkte sich mit den Jünglingen hinab in den Ofen und schlug die Feuerflammen zum Ofen hinaus und machte es, wie wenn der Wind wehe zur Thauzeit, und das Feuer berührte sie nicht. Das sah der König entsetzt an und sprach: „Ich sehe vier entfesselte Männer, die mitten im Feuer wandeln, und die Gestalt des Vierten ist gleich einem Göttersohne", das ist, gleich Christo, wie Tertullian, Rupertus und der hl. Augustin sagen (bei Corn. a Lap. zu Dan. 3). Mehrere Kirchenväter sagen sogar, dieser Vierte sei kein Engel, sondern Christus gewesen, der schon vor der Menschwerdung die Aehnlichkeit der Menschheit annahm und das Werk der Erlösung übte. Dieser Glaube ist, wie es scheint, auch in den kirchlichen Taggeiten der Osterzeit ausgesprochen. In dem Theile des Breviergebetes, welcher Laudes genannt wird, wird als Versikel und Responsorium gesungen: Christus ist vom Grabe erstanden, der die drei Jünglinge aus dem brennenden Feuerofen errettet hat.

Der Glanz der verklärten heiligsten Menschheit Jesu endlich ist in den beiden Schriftstellen, auf welche die Prophetenbilder unserer Darstellung hinweisen, so klar ausgesprochen, daß dieselben einer weitern Erklärung nicht bedürfen. Links oben ist hingedeutet auf die Weissagung des Jesaias 60, 1: „Mache dich auf, werde Licht, Jerusalem, denn die Herrlichkeit des Herrn ist über dir aufgegangen." Rechts: „Euch, die ihr meinen Namen fürchtet, wird aufgehen die Sonne der Gerechtigkeit."

10. Einzug Christi in Jerusalem.

10. Einzug Christi in Jerusalem.

Diese Begebenheit im Leben Jesu gehört zu denjenigen, von welchen die heiligen Evangelisten ausdrücklich sagen, sie sei schon im Alten Bunde geweissagt und also durch Prophezeiung den Juden geoffenbart worden. Was dieselben von dem zukünftigen Erlöser in diesem Stücke zu glauben hatten, offenbart der Prophet Zacharias 9. Kap., 9. Vers mit den Worten: „Freue dich hoch, du Tochter Sions; jule, du Tochter Jerusalems! Siehe, dein König kommt zu dir, gerecht und als Heiland; er ist arm und reitet auf einer Eselin, auf dem jungen Füllen einer Eselin." Genau so ging es in Erfüllung. Als Jesus auf seinem Gange nach Jerusalem am Palmsonntag nach Bethphage, einem Flecken am Oelberge nahe bei Jerusalem, gekommen war, sandte er zwei Jünger ab und sprach zu ihnen: „Gehet in den Flecken, der euch gegenüber liegt, und ihr werdet alsbald eine Eselin angebunden finden und ein Füllen bei ihr; machet sie los und führet sie zu mir. Und wenn euch Jemand etwas sagt, so sprechet: ‚Der Herr bedarf ihrer'; und sogleich wird er sie euch überlassen. Dieß aber ist geschehen, damit erfüllt würde, was gesagt ist durch den Propheten, der da spricht: ‚Saget der Tochter Sion: Siehe dein König kommt sanftmüthig zu dir (d. h. wie ein Armer im Geiste) und sitzet auf einer Eselin, auf einem Füllen, dem Jungen eines Lastthiers.'" Und sie brachten die Eselin mit dem Füllen, legten ihre Kleider auf dieselben und setzten ihn darauf. Das Volk breitete seine Kleider auf den Weg aus und streute Baumzweige aus. Die, welche vorausgingen und welche nachfolgten, schrieen und sprachen: ‚Hosianna dem Sohne Davids! Hochgelobt sei, der da kommt im Namen des Herrn, Hosianna in der Höhe, Jesus, der Prophet von Nazareth in Galiläa' (Matth. 21, 1—11). Der hl. Evangelist Johannes 12, 16 setzt bei, daß die Jünger Anfangs, d. h. gleich nach der Erfüllung, diese Weissagung nicht verstanden haben; als aber Jesus verherrlicht worden war, so dachten sie daran, daß dieß von ihm geschrieben war, und daß es in Erfüllung ging. Ein Schrifterklärer (Corn. a Lap. zu Zachar. 9, 9) sagt, es sei Glaubenswahrheit, daß diese Prophezeiung buchstäblich von dem Einzug Jesu in Jerusalem am Palmtage zu verstehen sei, wie es die heiligen Evangelisten Matthäus und Johannes ausdrücklich erklären und alle Rechtgläubigen verstehen. Auf diese Weissagung deutet auch das linke Prophetenbild auf unserer Tafel. Das zweite Prophetenbild zur rechten Seite weist auf den Psalm 149, 2 hin, wo geschrieben steht: „Die Töchter Sions erfreuen sich hoch in ihrem Könige"; das ist die Erfüllung der Pflicht, zu der das auserwählte Volk Gottes durch den Propheten aufgefordert wurde. Was die beiden Vorbilder betrifft, so stellt das zur linken Seite David dar, der, das Haupt des erschlagenen Goliath tragend, von den Frauen Jerusalems im Triumphe empfangen wird. Dieß ist im 1. Buch der Könige 18, 6 erzählt. Wie der wunderbare Sieg Davids über Goliath ein Vorbild des Sieges Christi über den Satan ist, nach allgemeiner Auslegung der Väter, so ist Davids triumphirender Einzug in Jerusalem und sein freudiger Empfang von Seite der Einwohner der Stadt ein Vorbild des feierlichen Einzugs Jesu, des wahren Königs und Heilands, am Palmtage. Ein Vorbild dieses Einzugs Jesu ist auch der feierliche Empfang, den die Prophetensöhne dem von der Himmelfahrt des Elias zurückkehrenden Propheten Elisäus bereiteten, wie in 4 Könige 2, 15 erzählt ist. An einen Ausspruch des hl. Hieronymus dürfen wir hierbei wohl noch erinnern. Diejenigen, welche Jesu vorangingen, und diejenigen, welche ihm nachfolgten, riefen alle einstimmig: Hosianna dem Sohne Davids! Die Schaar nun, welche voranging, sagt der hl. Hieronymus in Uebereinstimmung mit Origenes, bedeutet die Gerechten des Alten Bundes; die, welche nachfolgte, stellt die Gerechten des Neuen dar. Und obwohl die Einen der Geburt Jesu Christi und der Predigt des Evangeliums vorangingen, die Andern darauf folgten, so glaubten doch Alle an ihn mit demselben Glauben, hofften auf ihn mit derselben Hoffnung, verkündigten ihn einstimmig mit demselben Bekenntniß und riefen ihn Alle als den Erlöser der Welt an. — Die Schaar, die Jesum heute umringt, ist die Schaar aller Gerechten von Anfang der Welt an, der Alte und der Neue Bund, die Eine, wahre Kirche Jesu Christi.

11. Das heilige Abendmahl.

II. Das heilige Abendmahl.

Am Vorabend seines Leidens und Sterbens hat uns der göttliche Erlöser das allerheiligste Sacrament seines Fleisches und Blutes geschenkt, und zwar als Opfer und als Speise der Seele zum ewigen Leben. Das sagen seine eigenen Worte: „Das ist mein Leib, der für euch hingegeben wird; das ist mein Blut, das für euch und für Viele vergossen werden wird zur Vergebung der Sünden." Das unter den Gestalten des Brodes und Weines verborgene Fleisch und Blut ist eine Opfergabe, kraft der Einsetzung durch Jesus Christus. Ebenso ist er in diesem Sacrament eine zum Gnadenleben unerläßlich nothwendige Speise kraft der Worte Jesu: „Ich bin das lebendige Brod, das vom Himmel herabgekommen ist. — Mein Fleisch ist wahrhaft eine Speise, mein Blut ist wahrhaft ein Trank; wer von diesem Brode ißt, der wird leben in Ewigkeit und ich werde ihn am jüngsten Tage erwecken; das Brod, das ich geben werde, ist mein Fleisch für das Leben der Welt" (Joh. 6).

Kein Wunder also, wenn dieses — neben dem Erlösungstod — wichtigste Geheimniß des christlichen Glaubens in Weissagungen und Vorbildern auch im Alten Testament besonders verherrlicht und offenbar wird. Das Alte und Neue Testament, der Psalmist und der Apostel behaupten einstimmig, daß Melchisedech das wahre Vorbild Jesu Christi als eines Opferpriesters ist. Im 109. Psalm spricht Gott der Vater durch den Mund des Psalmisten zu seinem Sohne, dem Messias: „Du bist Hoherpriester in Ewigkeit nach der Ordnung Melchisedechs." Der hl. Apostel Paulus aber erklärt, daß Melchisedech ein vollkommenes Bild des menschgewordenen Gottes gewesen ist: „Dieser Melchisedech, Priester des höchsten Gottes, welcher für's Erste gedolmetscht wird: König der Gerechtigkeit, dann aber auch König von Salem ist, d. i. König des Friedens ... ward dem Sohne Gottes ähnlich gemacht und bleibt Priester in Ewigkeit" (Hebr. 7, 1—3).

Wenn die heilige Schrift beider Testamente selbst so von dem Vorbild spricht, so darf man sich nicht wundern, von den heiligen Vätern dieselbe Sprache zu vernehmen. Clemens von Alexandrien behauptet, daß Melchisedech das geheiligte Brod und den geheiligten Wein darbrachte als Vorbild der Eucharistie; und der hl. Cyprian: „In Melchisedech sehen wir das Sacrament des Opfers des Herrn." Der hl. Ambrosius ruft aus: „O Vortrefflichkeit des Opfers der christlichen Kirche, das, in jenem des Melchisedech vorgebildet, das älteste von allen Opfern der jüdischen Synagoge ist!" Der hl. Hieronymus: „Melchisedech brachte nur das Brod und den Wein, um Jesum Christum vorzubilden, und er weihte damals die Materie des christlichen Geheimnisses, wo der Erlöser im Brod und Wein seinen Leib und sein Blut darbringen sollte." Der hl. Chrysostomus: „Wie gut wird uns in Melchisedech unser heiliges Geheimniß der Eucharistie dargestellt! Wenn du das Vorbild siehst, so bitte ich dich, denke an die Wahrheit (die Erfüllung des Vorbildes im Sacramente)." Der hl. Augustin: „O Herrlichkeit des Opfers der Altäre, das in allen Theilen der Welt von den Christen Gott dargebracht wird, und das schon zur Zeit des Melchisedech der Welt angekündigt und im Bilde gezeigt ward!" Andere Väter, der hl. Epiphanius, der hl. Eucherius, Johannes Damascenus, sprechen ebenso, so daß alle Väter der Kirche in den zwei Gedanken übereinstimmen: 1) daß die Gabe Melchisedechs ein wahres Opfer, und 2) daß dieß Opfer ein vollkommenes Vorbild von jenem der Eucharistie war (Ventura, Schule der Wunder, Hom. 32.)

Dieses Vorbild gibt unsere Darstellung auf der linken Seite; rechts ist das alttestamentliche Vorbild des heiligsten Sacramentes, nicht sofern es Opfer, sondern sofern es Speise der Seele ist. Hier ist der Manna-Regen dargestellt, der das Brod vom Himmel gebracht hat. Die Begebenheit ist im 2. Buch Moses 16, 13—36 erzählt. Als die Israeliten diese Speise, wie etwas Kleines, im Mörser Gestoßenes, ähnlich dem Reife auf der Erde liegen sahen, riefen sie: „Manhu", das heißt: was ist das? Und Moses sprach zu ihnen: „Das ist das Brod, das euch der Herr zu essen gegeben hat." Und das Haus Israel nannte seinen Namen: „Man" (V. 31). Dieses Man oder Manna nennt der Apostel Paulus 1 Kor. 10, 3 eine „geistige Speise", welche, wie der Durchgang durch das Meer und das Mannna unter der Wolke eine Taufe (V. 2), eine heiligende Speise war. Die christliche Kirche hat diese Speise immer als eine vorbildliche Offenbarung des heiligsten Sacramentes angesehen. Um von den heiligen Vätern zu schweigen, wollen wir nur auf die Kirche selbst verweisen, welche in der Sequenz der Messe des Frohnleichnamsfestes singt: In figuris praesignatur: datur manna patribus, d. h. in Vorbildern ist es (das heilige Sacrament) vorbedeutet, den Vätern wird das Manna gegeben.

Die Prophetenstimmen vereinigen sich damit, um dem Volke Israel den Glauben an das zukünftig zu gebende hochheilige Geheimniß ebenso zur Pflicht zu machen, wie uns jetzt der Glaube zur Pflicht macht, an die zukünftige Offenbarung der Herrlichkeit Gottes in der andern Welt zu glauben. Auf zwei Prophetenworte verweist unser Bild: „Brod der Engel aß der Mensch" (Ps. 77, 25). „Horchet auf mich und höret: esset was gut ist" (Jes. 55, 2). Andere zwar: „Kommet, esset mein Brod und trinket den Wein, den ich gemischt habe" (Sprichw. 9, 5). „Du nährst dein Volk mit Engelspeise, du hast ihnen Brod gegeben, das alle Süßigkeit in sich hat" (Buch der Weish. 16, 20). (Diesen Text gibt auch unser Bild mit der Ueberschrift: Panem Angelorum etc.) Das an allen Orten (omni loco) darzubringende heilige und reine Opfer, das Fleisch und Blut Jesu in der heiligen Eucharistie, ist prophezeit von Malachias (1, 11): „An allen Orten wird meinem Namen geopfert und ein reines Opfer dargebracht werden." Corn. a Lap. sagt zu dieser Stelle, es sei Glaubenswahrheit, daß dieses reine Opfer kein anderes sei, als das Opfer des Leibes und Blutes Christi in der Eucharistie.

— 24 —

12. Jesus am Oelberg.

12. Jesus am Oelberg.

Das Hauptbild unserer Tafel stellt Jesus in seiner Todesangst am Oelberg dar. Als er in den Oelberg eintrat, sprach er zu seinen Jüngern: „Meine Seele ist betrübt bis in den Tod, bleibet hier und wachet mit mir." Dann ging er ein wenig vorwärts, fiel auf sein Angesicht, betete und sprach: „Mein Vater, wenn es möglich ist, so gehe dieser Kelch vor mir vorüber, doch nicht wie ich will, sondern wie du willst." Es erschien ihm aber ein Engel vom Himmel und stärkte ihn. Und als ihn Todesangst befiel, betete er länger (Luc. 22, 43).

Die Bedrängniß des Erlösers, sein Flehen um Hilfe und der Trost und die Kraft, die ihm Gott durch den Engel sandte, ist auch in den messianischen Vorbildern des Alten Bundes ausgesprochen. Zwei derselben sind zu Füßen des Hauptbildes dargestellt. Links unten kniet der König von Juda, Ezechias, und fleht in seiner Bedrängniß zu Gott um Hilfe. Die Begebenheit ist erzählt von dem Propheten Jesaias, der auf dem Spruchbande in unserm Bilde auf den biblischen Text Jesaias 37, 15—20 verweist, dessen Haupt-Inhalt in der über ihm hinlaufenden Schrift angedeutet ist: oravit Ezechias etc., d. h. Ezechias betete zum Herrn: Herr, unser Gott, rette uns. Sennacherib, der König von Assyrien, unternahm nämlich einen Feldzug gegen Jerusalem, nachdem er schon die festen Städte Juda's weggenommen hatte. Rabsaces, der Feldherr des Königs, höhnte sogar den Gott Israels. „Wo ist," so sprach er zu dem Volke, „wo ist der Gott von Emath und Arphad, wo ist der Gott Sepharvaim? Haben sie Samaria gerettet aus meiner Hand? Wer ist unter allen Göttern dieser Länder, der sein Land errettet aus meiner Hand, daß der Herr sollte Jerusalem retten aus meiner Hand?" (Jes. 36, 19.) Als der jüdische König Ezechias dieß gehört hatte, zerriß er seine Kleider und hüllte sich in Trauergewand (37, 1) und schickte Boten zu dem Propheten Jesaias, der ihm die göttliche Hilfe zusagte. Dann ging er in das Haus des Herrn, schüttete sein Gebet aus vor dem Gott der Heerschaaren und schloß es mit den Worten: „Nun aber, o Herr, unser Gott, hilf uns aus seiner Hand, auf daß alle Reiche der Erde erkennen, daß du der einzige Herr bist" (Jes. 37, 15—20). Jesaias, der Prophet, schickte Boten zu Ezechias und ließ ihm sagen, daß sein Gebet erhört sei. Der Herr spricht also von dem König der Assyrier: „Er wird nicht kommen in diese Stadt, ich will diese Stadt beschützen und sie retten um meinetwillen, und um Davids, meines Knechtes willen." Da ging aus der Engel des Herrn und erschlug im Lager der Assyrier hundertfünfundachtzigtausend Mann. Und als sie des Morgens aufstanden, siehe, da war Alles voll Leichen. Da brach Sennacherib auf und zog ab und kehrte nicht zurück und blieb in Ninive (Jes. 37, 33—37). Eine alte Armenbibel setzt bei: Das bedeutet Jesum, der am Oelberg mit Angst betet, daß sein Volk durch sein Blut von Sünden erlöset werde, und hierzu durch den Engel Gottes gestärkt wird.

Das zweite Vorbild ist Susanna in ihrer doppelten Bedrängniß: einmal, als sie die Alten mit Verführung oder mit falscher Anklage bedrohten, und dann, als sie unschuldig zum Tode verurtheilt war. Da sprach sie die Worte, die über dem Bild des Propheten Daniel zu lesen sind: angustiae sunt etc. d. h. Bedrängnisse sind um mich von allen Seiten (Dan. 13, 22); und weiter (Vers 43) nach ihrer ungerechten Verurtheilung: „Ich sterbe, obwohl ich nichts von dem gethan habe." Und der Herr erhörte ihre Stimme. Denn als man sie zum Tode führte, erweckte er den heiligen Geist eines jungen Mannes, Namens Daniel (Vers 44), der sie auch errettete. Susanna, sagt dieselbe Armenbibel, bedeutet die Unschuldigkeit Christi, die zarteste und allerheiligste Seele. Er erhielt am Oelberg, um was er bat, und wurde bedeckt mit englischem Trost, wie die Susanna erfreute, da er sie wunderbar errettete durch Daniel.

13. Judas verräth mit einem Kuſſe den Menſchenſohn.

13. Judas verräth mit einem Kusse den Menschensohn.

Nach Anschauung der heiligen Väter der Kirche gehört besonders der ägyptische Joseph, Sohn des Patriarchen Jakobs, zu den auserwählten Personen des Alten Bundes, in deren Schicksalen das Leben des Heilandes vorgebildet war und so vorbildlich geoffenbart wurde. Der durch seine eigenen Brüder um 20 Silberlinge verkaufte Joseph ist Christi Vorbild, der durch Judas um den Lohn von 30 Silberlingen seinen Feinden überliefert wird. Joseph ist um 20 Silberlinge verkauft worden, weil der Diener nicht kostbarer sein kann, als der Herr, wie der hl. Hieronymus sagt. Der hl. Kirchenlehrer und Papst Leo der Große lehrt: „In Joseph ist Christus verkauft worden."

Aber nicht bloß darin, daß Joseph von seinen Brüdern und Jesus von seinem Apostel verkauft wird, jener um 20, dieser um 30 Silberlinge, und daß beide durch den Verrath erhöht und die Retter der Ihrigen werden, besteht nach alter katholischer Anschauung eine vorbildliche Aehnlichkeit des Alten Bundes mit dem Neuen: auch die heuchlerische That, mit der Judas Freundschaft heuchelt und zugleich den Verrath begeht, ist vorgebildet und prophezeit. Unser Bild, welches die Vollbringung des Verraths durch den Judaskuß darstellt, weist in dem linken Prophetenbild auf die Prophezeiung Davids im 27. Psalm 3. Vers hin: „Er redet Frieden (d. h. pax, was auch Friedenskuß bedeutet) mit seinem Nächsten und sein Herz ist voll Bosheit"; im rechten Bilde aber auf Psalm 40, 10: „Der Mensch meines Friedens, auf den ich vertraute, trieb große Hinterlist gegen mich."

Die beiden Vorbilder unter dem Hauptbild erzählen von zwei ähnlichen hinterlistigen Thaten; links ist Joab dargestellt, der den Abner tödtet. Abner, so erzählt das 2. Buch der Könige 3. Kap., war der oberste Feldherr des Königs Saul und regierte das Königreich Israel unter Isboseth, dem Sohne Sauls. Als er aber erkannte, daß Gott zu David gesprochen: „Durch die Hand meines Knechtes David will ich mein Volk Israel retten aus der Hand der Philister und aller seiner Feinde" (Kap. 3, 18), so ging er zu dem König David, dem König über Juda, nach Hebron und redete mit ihm und versprach ihm (Vers 21): „Ich will mich aufmachen, um ganz Israel zu dir, meinem Herrn, dem Könige, zu versammeln, und will einen Bund mit dir schließen, daß du über Alle herrschest, wie dein Herz begehrt." Also geleitete und entließ David den Abner und dieser ging hin im Frieden. Aber Joab, der Feldherr Davids, war darüber erbost und suchte den Abner zu verderben. Darum sandte er ihm Boten nach, brachte ihn unter dem Scheine der Freundschaft nach Hebron zurück, führte ihn betrüglich abseits mitten unter das Thor, als wollte er mit ihm reden, und stach ihn nieder (Vers 23—27).

Das zweite Bild rechts stellt den Verrath dar, den Tryphon an dem Machabäer Jonathas beging. Das erste Buch der Machabäer erzählt davon also. Jonathas, der machabäische Heerführer, zog mit einem starken Heere dem Tryphon entgegen, denn dieser war mit seiner Streitmacht gegen Judäa aufgebrochen, um den Jonathas anzugreifen. Da aber Tryphon das große Heer der Juden sah, fürchtete er sich, nahm den Jonathas mit Auszeichnung auf, empfahl ihn allen seinen Freunden, gab ihm Geschenke und befahl seinem ganzen Heere, ihm zu gehorchen, wie ihm selbst. Jonathas entließ sogar im Vertrauen auf die Ehrlichkeit der schönen Worte Tryphons sein eigenes Heer. Als er so mit wenigen Begleitern nach Ptolemais gekommen war, schlossen sie die Thore der Stadt und tödteten ihn.

14. Christus wird von Herodes verspottet.

14. Christus wird von Herodes verspottet.

Unser Bild ist durch die Ueberschrift: Stabant autem accusantes eum etc. Sprevit autem illum Herodes etc. erklärt. Es stellt die Verspottung Christi durch Herodes dar, nach der Erzählung des hl. Evangelisten Lucas, welcher Kap. 23, 9. 10. 11 schreibt: „Herodes stellte auch viele Fragen an ihn; allein er antwortete ihm nichts. Die Hohenpriester aber und Schriftgelehrten standen da und verklagten ihn unaufhörlich. Da verachtete ihn Herodes mit seinen Kriegsleuten, ließ ihm zum Spotte ein weißes Kleid anziehen und schickte ihn zu Pilatus zurück."

Nichts ist in den Prophezeiungen des Alten Bundes über die Person und Schicksale des Messias so deutlich und in die einzelnsten Züge hinein durch Vorhersagung geoffenbart, als sein Leiden, und darunter auch die für die allerheiligste Person und Menschheit Jesu so schmähliche Verspottung, die ihm so vielfach von einzelnen und zuletzt noch sozusagen vom ganzen Volke Israel durch die Person des Königs und seiner Diener widerfuhr. Der 21. Psalm und das 53. Kapitel des Propheten Jesaias sind ganz der Beschreibung des Leidens des Messias gewidmet; aus ihnen sind auch die beiden Prophetensprüche, die unser Bild anführt, genommen. Im Psalm ist Jesus redend eingeführt und sagt von sich: „Ich bin ein Wurm und kein Mensch, der Leute Spott und die Verachtung des Volkes. Alle, die mich sehen, spotten meiner, bewegen die Lippen und schütteln das Haupt." Zu den Anklagen, zu Spott und Hohn schweigt Jesus. Das hat Jesaias den Juden schon offenbar gemacht, indem er von dem Messias sagt: „Er wird geopfert, weil er selbst wollte, und öffnet seinen Mund nicht; wie ein Schaf wird er zur Schlachtbank geführt und verstummt wie ein Lamm vor dem, der es scheeret, und thut seinen Mund nicht auf." Es ist Glaubenswahrheit, daß diese prophetischen Worte eine Offenbarung sind, welche der heilige Geist durch Jesaias über das Leiden Jesu an die Juden richtete. Denn die heilige Schrift selbst gibt dieß in der Apostelgeschichte 8. Kap., 32. Vers ganz deutlich kund.

Ein Vorbild der ungerechten Anklage gegen Jesus ist die Verleumdung eines gewissen Simon gegen den Hohenpriester Onias. Was das Bild links unter dem Hauptbilde darstellt, ist im 2. Buch der Machabäer 4, 1. 2. Vers erzählt. Unter dem Hohenpriester Onias blühte die Stadt Jerusalem, die Gesetze wurden auf's Genaueste befolgt, „wegen des Hohenpriesters Onias Frömmigkeit" (2 Mach. 3, 1). Der Tempelvorsteher Simon aber sann auf Ungerechtigkeit, der aber Onias widerstand. Aus Rache verrieth er den Tempelschatz an den König von Syrien, der ihn auch durch seinen Schatzmeister Heliodorus mit Gewalt wegnehmen lassen wollte. Gott aber rettete die Ehre seines Heiligthums wunderbar und zwar hauptsächlich wegen der Gebete des Hohenpriesters. Heliodorus nämlich wurde bei seinem Eintritt in den Tempel mit seiner ganzen Schaar durch die Erscheinung eines fürchterlichen Reiters mit goldenen Waffen zu Boden geschmettert und von zwei Jünglingen in herrlicher Kraft gegeißelt, daß er weggetragen werden mußte und dalag, sprachlos, aller Hoffnung der Genesung beraubt. Nur durch das Gebet und Sühnopfer des Hohenpriesters Onias wurde er gerettet. Onias aber betete für ihn, um vom Volke Unheil abzuwenden, damit nämlich der König nicht argwöhne, daß die Juden irgend eine Bosheit an Heliodorus verübt hätten. Was that dafür Simon? Dieser Verräther des Schatzes und des Vaterlandes, so erzählt die heilige Schrift, „verleumdete den Onias, als hätte er selbst den Heliodorus dazu angereizt, und als wäre er selbst der Urheber alles Unglücks. Den Wohlthäter der Stadt, den Vertheidiger seines Volkes und den Eiferer für das Gesetz Gottes, wagte er einen Verräther des Reiches zu nennen". Wer kann darin die Aehnlichkeit mit der Behandlung verkennen, die dem Erlöser der Menschen von seinen Anklägern widerfuhr?

Das andere Vorbild der Verspottung Christi ist aus dem Leben Davids und wird im 1. Buche der Chronik Kap. 19 erzählt. David schickte eine Gesandtschaft an Hannon, den König der Ammoniter. Die Vornehmsten derselben aber verleumdeten die Boten Davids, als ob sie Böses gegen den König im Schilde führen; darauf entehrte sie Hannon, schor sie kahl, schnitt ihnen die Kleider ab bis an die Lenden und entließ sie. Der dadurch entehrte und verspottete David bedeutet Christum.

Auch Noe wird als Sinnbild der dem Herrn widerfahrenen Verunehrung aufgefaßt; obgleich er die Seinigen gerettet hatte, so wurde er doch — wie der hl. Hieronymus sagt — nackt und bloß von seinem eigenen Sohne verspottet.

— 30 —

15. Geißelung Christi.

15. Geißelung Christi.

Pilatus wollte Jesum freigeben. Da schrieen sie wieder Alle und sprachen: „Nicht diesen, sondern den Barabbas." Da ließ Pilatus Jesum nehmen und geißeln (Joh. 18, 40 und 19, 1). Was ist durch die prophetischen Stimmen deutlicher geoffenbart, als daß der Messias auch die Schmach und den Schmerz der Geißelung werde zu tragen haben? In dem 128. Psalm schildert der Erlöser sein zukünftiges Leiden, indem er redend eingeführt wird. Im 3. Vers heißt es: „Auf meinem Rücken schmiedeten die Sünder und machten lang ihre Bosheit." Das Gleiche thut der Erlöser in dem 72. Psalm, 14. Vers, wo er, seine Geißelung voraussagend, spricht: „Ich bin geschlagen den ganzen Tag und gestraft schon am frühen Morgen." Im Propheten Jesaias spricht der Erlöser von dem zukünftigen Leiden seiner Geißelung: „Meinen Leib gab ich den Schlagenden hin, und meine Wangen den Haare-Raufern; mein Angesicht verbarg ich nicht vor denen, die mich lästerten und anspieen" (Jes. 50, 6). Alle Väter beziehen diese Worte auf Christus, wie ein Schrifterklärer (Corn. a Lap. zu Jes. 50, 6) sagt, indem er beisügt, sie seien so klar, daß es nicht nöthig sei, sie zu erklären, wohl aber zu betrachten. Merkwürdig ist, daß die unter den Heiden bekannten Weissagungen dasselbe von dem Erlöser prophezeiten. Der hl. Augustinus beruft sich in seiner Rede gegen die Juden, Heiden und Arianer (c. 16 und 17) auf diese sibyllinische Weissagung, worin es heißt: „Dem Gott werden sie Backenstreiche geben mit befleckten Händen und aus unreinem Munde werden sie mit giftigem Speichel ihn anspeien. Durchaus unschuldig wird er seinen Rücken zur Geißelung geben und Faustschläge wird er empfangen, ohne den Mund zu öffnen." So einmüthig war die Prophezeiung unter Juden und Heiden über dieses sühnende Leiden des erlösenden Gottmenschen.

Das Vorbild zur rechten Seite unter dem Hauptbild stellt die in dem Buche der Richter, Kap. 15, Vers 9—16 erzählte Begebenheit dar. Samson ist überhaupt in vielfacher Beziehung von den heiligen Vätern als Vorbild Christi aufgefaßt worden. Er zerreißt den Löwen, der Heiland überwindet als Löwe von Juda den Widersacher, der nach dem Apostel Petrus (1 Petr. 5, 8) umhergeht, um zu suchen, wen er verschlinge. Samson hebt die Thore von Gaza aus, Christus zersprengt die Thore der Vorhölle. Im Buche der Richter Kap. 16, V. 30 ist von Samson gesagt, er habe bei seinem Tode viel mehr Feinde getödtet, als er vordem getödtet hatte im Leben, ein schönes Vorbild Christi, der durch seinen Tod die Schuld gesühnt und den Feind der Seelen überwunden hat. So ist er auch Vorbild für den an die Geißel-Säule gebundenen Erlöser. Die Philister, welche die Juden in Knechtschaft hielten und welche Samson stets bekriegte, zogen wieder einmal hinauf an den Ort, wo Samson weilte. Und die vom Stamme Juda sprachen zu ihnen: „Warum seid ihr heraufgezogen gegen uns?" Und sie antworteten: „Um Samson zu binden und ihm zu vergelten, was er uns gethan." Da zogen dreitausend von den Männern Juda's hinab zur Höhle von Etam und sprachen zu Samson: „Weißt du nicht, daß die Philister über uns herrschen? Warum hast du das thun wollen? (Warum hast du sie gezüchtigt? — wie in Vers 8 erzählt ist.) Wir sind gekommen, dich zu binden und in die Hände der Philister zu geben." Und sie banden ihn mit zwei neuen Stricken und zogen weg von Etam, um ihn den Philistern auszuliefern. Als aber die Philister ihm entgegenjauchzten, gerieth der Geist Gottes über ihn, und wie Flachs beim Feuer verbrennt, so lösten sich seine Bande; er fand den Kinnbacken eines Esels und erschlug damit tausend Mann — ein Bild der vielen Sünden, die der an die Säule gebundene und gegeißelte Jesus gesühnt hat.

Wer weiß nicht, daß Job — und ihn stellt das linke Bild dar — in seinem ganzen Leiden und in seiner Schmach ein Vorbild des leidenden Heilandes ist? Die heiligen Väter der Kirche haben ihn immer so gedeutet, z. B. der hl. Hieronymus, welcher in seiner Erklärung des Buches Job mehrfach sagt: „Job trug in sich das Vorbild Christi." Und ebenso der hl. Papst Gregorius der Große. Der Text, der über dem Bilde steht, ist aus Job 30, 1: „Nun lachen meiner die, welche jünger sind an Jahren, deren Väter ich nicht werth hielt, sie zu den Hunden meiner Heerde zu stellen." So ist auch Christus, der Herr, der vor Abraham war, in seinem Leiden verhöhnt worden von unwürdigen Sündern.

16. Dornenkrönung und Verspottung Christi.

16. Dornenkrönung und Verspottung Christi.

Das in dem Hauptbild dargestellte Leiden Christi ist ein doppeltes: der Schmerz der Krönung mit der Dornenkrone und die Verspottung. Der heilige Evangelist Matthäus erzählt dieß in Kap. 27, Vers 27—31. Nach der Geißelung „nahmen die Soldaten des Landpflegers Jesum zu sich in das Richthaus und versammelten um ihn die ganze Schaar, zogen ihn aus und legten ihm einen Purpurmantel um, flochten eine Krone von Dornen, setzten sie auf sein Haupt und gaben ihm ein Rohr in seine rechte Hand. Sie beugten das Knie vor ihm, verspotteten ihn und sprachen: ‚Sei gegrüßt, du König der Juden!‘ Sie spieen ihn auch an, nahmen das Rohr und schlugen sein Haupt damit. Und nachdem sie ihn verspottet hatten, nahmen sie ihm den Mantel ab, zogen ihm seine Kleider an und führten ihn fort, um ihn zu kreuzigen." Wie ein falscher König, der nur in der eigenen Einbildung König ist, wird also Jesus zum Hohn und zur Pein mit der Schmerzenskrone gekrönt, mit dem Rohr und Purpurmantel als Abzeichen einer eingebildeten Königswürde ausgestattet; zum Spott nur erwiesen sie ihm königliche Ehre, indem sie das Knie beugten, ausrufend: „Sei gegrüßt, du König der Juden!" So schrecklich die Peinigung des heiligsten Hauptes Jesu durch die eindringenden Dörner war, so ist doch die Verspottung des anbetungswürdigsten Gottes, die Verhöhnung der allerheiligsten Person des Gottmenschen und wahren Königs der Welt noch ein viel größeres Unrecht der Verblendeten. Diese Seite des Leidens Christi wird in unserm Bilde, seinen Vorbildern und Schrifttexten hauptsächlich in's Auge gefaßt. Die Ueberschrift zur linken Hand ist aus dem ersten Kapitel des Propheten Jesaias Vers 6 genommen. Dort ist vom Erlöser prophezeit: „Von der Fußsohle bis zum Scheitel ist nichts Gesundes an ihm, sondern Wunden, Striemen, hohe Beulen, die nicht verbunden, nicht mit Heilmitteln versehen, nicht mit Oel gelindert sind." Daß sich dieß prophetisch auf den durch die grausame Geißelung und Krönung mißhandelten Erlöser bezieht, hat die Kirche selbst uns gesagt, indem sie diesen Vers sogar in ihr heiliges Officium von den heiligen Wunden aufgenommen hat (II. Noct. Antiph. des 2. Ps.). „Nicht ein Glied," sagt der hl. Chrysostomus, „sondern der ganze Leib Christi trug diese grausame Verunglimpfung: das Haupt von der Dornenkrone verwundet, die Hände durch das Rohrscepter, das Angesicht durch den ekelhaften Speichel, die Wangen durch Faustschläge, der übrige Leib durch Geißelstreiche, durch Entblößung, durch den Spottmantel, durch geheuchelte Anbetung verunehrt" (Corn. a Lap. in Matth. 27, 30). Das Prophetenbild links führt den Vers 4 aus dem 1. Kapitel des Jesaias an: „Den heiligen Israels haben sie gelästert"; das rechts Ps. 21, 8: „Alle, die mich sahen, haben mich verspottet."

Was das linke Vorbild darstellt, ist in 1 Mos. 9, 20.—23. Vers erzählt. Noe, vom Weine berauscht, dessen Kraft er nicht kannte, liegt in seinem Zelte schlafend, entblößt. Sein zweiter Sohn Cham sieht und verspottet ihn, theilt auch seinen zwei Brüdern Sem und Japhet die Schande des Vaters mit; diese betrübten sich sehr und bedeckten, rückwärts zum Vater schreiend, dessen Blöße. Daß nach dem hl. Hieronymus der von Kleidern entblößte und von seinem Sohne verspottete Noe ein Vorbild der Entblößung und Verspottung Christi ist, wie sie ihm bei der Geißelung und Krönung widerfuhr, haben wir schon angeführt. Außerdem führt der hl. Augustinus die Vorbildlichkeit Noe's und seiner Söhne näher aus und versichert, daß all dieses nicht ohne Vorbildung zukünftiger Dinge geschehen und aufgezeichnet, auch daß es nicht anders zu beziehen sei, als auf Christus und seine Kirche; der wahren Stadt Gottes von Anfang des Menschengeschlechtes habe die Verkündigung davon keinen Augenblick gemangelt, die wir jetzt durch Alles erfüllt sehen. Wir müssen uns versagen, die ganze tiefsinnige Erklärung des heiligen Kirchenlehrers (Civ. Dei 16. Buch 2. Kap.) über Noe's und seiner Söhne, ihrer Namen und Thaten Beziehung auf Christus hier wiederzugeben; für unsern Zweck dürfte es genügen, zu sagen, daß nach dem Heiligen die Nacktheit Noe's den leidenden Christus und die Verunehrung des Patriarchen die Verspottung des Erlösers vorbedeutet.

Auch in den Propheten ist Christus entehrt worden, sagt der hl. Hieronymus ganz allgemein, nämlich in den durch die undankbaren Juden entehrten Propheten. Eine solche Begebenheit stellt das Vorbild zur rechten Hand dar; erzählt ist sie im 4. Buch der Könige 2, 23—25. Nachdem der Prophet Elisäus den bösen Brunnen in Jericho und sein Wasser gesund gemacht hatte, ging er hinauf nach Bethel, wo eines der goldenen Kälber stand, die der König Jeroboam errichtet hatte, und dessen Bewohner Götzendiener waren. Da kamen ihm die Kinder der Abgötterer entgegen und verspotteten ihn um seiner Rechtgläubigkeit und Frömmigkeit willen.

17. Ecce homo.

17. Ecce homo.
Pilatus stellt Jesum dem Volke dar.

Nach dem Berichte des heiligen Evangelisten Johannes, 19. Kap., ist diese Begebenheit eine mit der Geißelung und Krönung zusammenhängende Handlung. Pilatus wollte den Herrn von der Strafe des Todes erretten, und darum führte er den von der eben vollzogenen Geißelung, Dornenkrönung, von den Backenstreichen und Faustschlägen so grausam zugerichteten Heiland der Welt, der noch die Dornenkrone und den Spottmantel trug, hinaus, um ihn dem Volke zu zeigen und dessen Mitleid anzurufen. Da ging Pilatus wieder hinaus und sprach zu ihnen: „Sehet, ich führe ihn heraus zu euch, damit ihr erkennet, daß ich keine Schuld an ihm finde." Jesus also ging hinaus und trug die dörnerne Krone und den Purpurmantel. Und er sprach zu ihnen: „Welch ein Mensch!" (Joh. 19, 4. 5.)

Im Hohenliede 3, 11 steht die Prophezeiung dieser Vorstellung des dornengekrönten Messias vor dem Volke: „Gehet hinaus, ihr Töchter Sions, und schauet den König Salomon[1] mit der Krone, womit ihn seine Mutter gekrönt hat am Tage seiner Vermählung und am Tage der Freude seines Herzens." Der Tag der Vermählung ist seine Menschwerdung, durch welche er die menschliche Natur mit seiner göttlichen vereinigte, und der Tag der Freude seines Herzens ist derjenige, an welchem er unter Todesangst zwar, aber mit heiliger Begierde das Werk der Erlösung vollendete und von dem er selbst sagt: „Ich muß mich mit einer Taufe taufen lassen (der blutigen nämlich), und wie drängt es mich, bis sie vollbracht ist!" (Lukas 12, 50.) Die Kirche selbst bezieht die den Juden über die Krönung ihres himmlischen Königs gegebene Offenbarung als Prophezeiung auf die Dornenkrone Christi, in der er dem Volke vorgestellt und vom Pilatus König der Juden genannt wird: „Sehet, euer König!" In dem heiligen Officium dieses Festes der Dornenkrone hat nämlich die Kirche obige Prophezeiung als Kapitel der Vesper und Laudes eingeführt. In der Messe desselben Tages bildet sie den Introitus. So deuten auch die heiligen Väter. Da aber die Dornenkrone Christi ein wahres königliches Diadem ist, das den leidenden Messias zum Könige seiner Erlösten und auch seiner Menschheit nach zum König der Herrlichkeit (rex gloriae, Ps. 23) gemacht hat, so ist sie bei den heiligen Vätern ein Sinnbild seines Leidens und seiner Glorie. So redet der hl. Bernhard von ihr in seiner zweiten Rede auf das Erscheinungsfest, indem er die oben angeführten Worte des hohen Liedes erläutert: „Gehet hinaus . . . und sehet den König Salomon in der Krone, womit ihn seine Mutter gekrönt, in der Krone der Armuth und des Elendes; denn er ist auch von seiner Stiefmutter (der jüdischen Synagoge) mit der Dornenkrone, mit der Krone des Jammers, gekrönt worden, und soll gekrönt werden durch seine Familie (die Heiligen) mit der Krone der Gerechtigkeit, wenn die Engel ausgehen und von seinem Reiche alle Aergernisse hinwegnehmen werden, wenn er kommen wird zum Gerichte mit den Aeltesten seines Volkes . . . Es krönt ihn auch der Vater mit der Krone der Herrlichkeit, wie der Psalmist sagt: ‚Mit Glorie und Ehre hast du ihn gekrönt, o Herr.'" Mit diesen Worten hat der Heilige zugleich auch das zweite Prophetenbild und die von demselben angezogenen Worte („mit Ehre und Herrlichkeit hast du ihn gekrönt") aus Psalm 8, 6 erklärt und auf die Dornenkrone Christi bezogen, in welcher er als König dem Volke vorgestellt worden ist. Die Kirche deutet sie ebenso, indem sie diesen Psalmvers in dem heiligen Officium von der Dornenkrone sowohl im Brevier (5. Antiph. der Matutin), als auch in der Messe des Tages eingefügt hat.

Das Vorbild stellt die letzten Schicksale Samsons dar, wie sie im 16. Kap. des Buches der Richter erzählt sind. Daß Samson in seiner Stärke, die er als gottgeweihter Nazaräer wunderbar von Gott empfing, ein Vorbild Christi war, ist den heiligen Vätern geläufig. Nach dem hl. Hieronymus war die Liebe zu der sündigen, aber armen Dalila (Ep. 73) die nächste Ursache, daß er den Händen seiner Feinde, der Philister, überliefert wurde. Auf ihr beständiges Flehen entdeckte er ihr die Ursache seiner Stärke, daß er nämlich von Kindheit an Gott geweiht sei und als Nazaräer oder Gottgeweihter seine Haare ungeschoren erhalte. Da ließ sie ihn einschlafen auf ihren Knieen, rief einen Scheerer, der sieben Locken seines Hauptes abschor, und alsbald wich seine Stärke von ihm. Dann griffen ihn die Philister, stachen ihm alsbald die Augen aus und führten ihn mit Ketten beladen nach Gaza in das Gefängniß. So steht Jesus, aus Liebe zur armen, sündigen Menschheit, der Zier und Schönheit seines Hauptes beraubt, dafür mit der schmachvollen Dornenkrone gekrönt, den Händen seiner Feinde überliefert, als Ecce Homo vor dem Volke.

---

[1] Salomon, das heißt Friedensmann. Dieß ist im Hohenliede der Name des göttlichen Bräutigams, des Friedensfürsten, wie ihn Jesaias nennt, mit dem sich die Seele vereinigen muß, will sie ihr eigenes Glück finden.

18. Christus trägt das Kreuz auf den Calvarienberg.

18. Christus trägt das Kreuz auf den Calvarienberg.

Als Pilatus den Herrn gezeigt hatte, sprechend: „Sehet, euer König," schrieen sie: „Hinweg, kreuzige ihn!" Pilatus sprach zu ihnen: „Euren König soll ich kreuzigen?" Die Hohenpriester antworteten: „Wir haben keinen König, als den Kaiser." So verwarfen sie also ihren wahren König und sagten sich los von seiner milden Herrschaft, von seinem Gehorsam und von dem Lohne aller seiner treuen Diener. Da übergab ihnen Pilatus denselben, daß er gekreuzigt würde. Sie übernahmen also Jesum und führten ihn hinaus. Und er trug sein Kreuz und ging hinaus zu dem Orte, den man Schädelstätte nennt, auf Hebräisch aber Golgatha (Joh. 19, 15—17). So war es der Wille des Vaters, der seines eigenen Sohnes nicht geschont, sondern ihn für uns Alle hingegeben hat (Röm. 8, 32), wie die Ueberschrift des Hauptbildes lautet.

Auch dieser schmerzliche Gang zum Tode ist dem Alten Bunde geoffenbart und zur Erfüllung im Neuen Bunde geweissagt. Bei Jesaias 53, 7 heißt es von ihm: „Wie ein Schaf wird er zur Schlachtbank geführt und verstummt wie ein Lamm vor dem, der es scheert." Nicht nur wird der, welchen die Juden zur Kreuzigung führten, so oft und so nachdrücklich das Lamm Gottes genannt, wie mit einem ihm mit Vorzug gebührenden Namen — in den Büchern des Neuen Bundes wird er 34mal gebraucht —, sondern die Apostelgeschichte 8, 32 sagt es uns ganz unwidersprechlich, daß die genannte Weissagung von Christo redet.

Die zweite Weissagung Jerem. 11, 19 (zweites Prophetenbild) ist in ihrer Beziehung auf Christus ebenso klar: „Ich war wie ein geduldiges Lamm, das zur Schlachtbank geführt wird." „Das Lamm, welches getödtet worden ist" (Offenb. 5, 12), ist vorbildlich zur Schlachtbank geführt und getödtet worden von Anfang der Welt an, zuerst in Abel, dann in dem einzigen Sohne Abrahams, der als ein schuldiger Mensch von Gott zum Tode gefordert, für den aber ein männliches Lamm stellvertretend geopfert wird; dann im Osterlamm, dessen Vorbild erfüllt wurde, cum Pascha nostrum immolatus est Christus, d. h. da Christus, unser Osterlamm, geschlachtet wurde, wie die Präfation der Ostermesse singt; ferner in dem ununterbrochenen Opfer, welches nach dem göttlichen Opfergesetz täglich dargebracht werden mußte, wie geschrieben steht: „Das ist es, was du legen sollst auf den Altar: zwei jährige Lämmer täglich, allezeit, ein Lamm des Morgens, das andere des Abends" (2. Buch Moses 29, 38. 39; 4. Buch Moses 28, 3).

Das erste der unter dem Hauptbilde stehenden Vorbilder der Kreuztragung Christi aus dem Alten Bunde ist Isaak, der das Holz, auf dem er zum Brandopfer geschlachtet werden sollte, auf seinen Schultern auf den Berg des Opfers trägt. Gott hat dem Abraham die schwere Prüfung auferlegt, seinen einzigen Sohn zu opfern. Abraham stand noch des Nachts auf und kam am dritten Tage an den Ort, den Gott ihm anbefohlen hatte, nämlich an den Berg Morija, den nachmaligen Tempelberg von Jerusalem. Da ließ er die Knechte mit dem Esel zurück, nahm das Holz zum Brandopfer und legte es seinem Sohne auf die Schulter. So war er ein Vorbild Jesu, der sein Kreuz, an dem er starb, auf den Calvarienberg trägt. Und wie Isaak auf das Holz gelegt wird und schon bereit ist, geschlachtet zu werden und als Brandopfer zu sterben, so wird Jesus auf das Kreuzesholz gelegt. So deuten die heiligen Väter, so die Kirche selbst, wenn sie in der Sequenz der Messe des Frohnleichnams=festes singt: In figuris praesignatur, cum Isaac immolatur, d. h. in den Vorbildern wird Jesus vorgebildet, als Isaak geopfert wurde. Und der hl. Augustin sagt in Erklärung der Worte des Hebräerbriefs 11, 19: „Abraham erhielt ihn (Isaak) als Vorbild (Jesu) wieder zurück" — also: Deßwegen (weil Isaak Vorbild war) mußte, wie der Herr Jesus sein Kreuz, so auch der einzige Sohn Abrahams das Holz an den Ort des Opfers tragen (Civ. Dei Lib. 16. cap. 32).

Das zweite Vorbild stellt die Wittwe von Sarepta dar, zwei kreuzweise gelegte Hölzer in der Hand tragend. Neben ihr steht der Prophet Elias, der sie während der schrecklichen Hungersnoth in Israel um einen Bissen Brod gebeten hatte. Ihm antwortete sie eben: „So wahr der Herr, dein Gott, lebt, ich habe kein Brod außer eine Handvoll Mehl im Topfe und ein wenig Oel im Kruge: und siehe, ich lese ein paar Stücke Holz auf, um hineinzugehen und es zu bereiten für mich und meinen Sohn, auf daß wir essen und dann sterben" (3 Kön. 17, 12). Ein tiefsinniges Symbol, das in den alten Armenbibeln gern wiederkehrt.

19. Kreuzigung Christi.

19. Kreuzigung Christi.

Jesus trug sein Kreuz und ging hinaus zu dem Orte, den man Schädelstätte nennt. Da kreuzigten sie ihn und mit ihm zwei Andere zu beiden Seiten, Jesum aber in der Mitte. Es standen aber bei dem Kreuze Jesu seine Mutter und Maria Cleophä, Maria Magdalena und der Jünger, den er liebte (Joh. 19, 17. 18. 25. 26). So lautet die schlichte Erzählung der heiligen Evangelisten von dem Sühnungstode des Messias, der vom Anfang der Welt an die einzige Hoffnung und das Leben der gefallenen Creatur sein sollte. Denn bei ihm ist Barmherzigkeit und überreiche Erlösung (Ps. 129, 7). Auf ihn, dessen Ferse, d. h. dessen Menschheit der Teufel nachstellt bis zum Tode, der aber auch das Haupt der Schlange zertritt, und auf sein Kreuz sind daher die Augen aller Hoffenden gerichtet, von den Tagen der ersten Verheißung im Paradiese an bis zur Stunde der Erfüllung auf Golgatha. Sein blutiger Opfertod am Kreuze wie sein geheimnißvoller Tod im unblutigen Opfer ist das Urbild, welchem der blutige und unblutige Opferdienst im Alten Bunde nachgebildet ist.

Welchen Todes der Hohepriester sterben soll, haben die Propheten vorausgesagt. Der Psalm 21, 17 redet in der Person des Messias: „Sie haben meine Hände und Füße durchbohrt, alle meine Gebeine gezählt, mich angeschaut und betrachtet, meine Kleider unter sich vertheilt und das Loos geworfen über mein Gewand." Auf diese Stelle weist das Prophetenbild zur rechten Seite hin. Der 68. Psalm Vers 2 gibt noch eine andere Einzelheit des Leidens Jesu prophetisch an, indem er weissagt: „Sie geben mir zur Speise Galle, und in meinem Durste tränken sie mich mit Essig." Der heilige Evangelist (Matth. 27, 35) sagt ausdrücklich, daß die Kleidervertheilung zur Erfüllung der Weissagung geschehen sei.

Obgleich die Juden Jesum mit Gewalt gefangen nahmen und tödteten, so hatten sie doch nicht die Macht, ihn gegen seinen Willen zu ergreifen. „Niemand," sagt Jesus bei Joh. 10, 18, „nimmt das Leben von mir, sondern ich gebe es von mir selbst hin." Auch diese vollkommenste Freiwilligkeit des Opfertodes Jesu ist durch den Propheten Jesaias schon den Juden geoffenbart. Denn er spricht von dem Messias: „Er wird geopfert, weil er es selbst wollte" (Jes. 53, 7).

Unter den Vorbildern des am Kreuze geopferten Erlösers sind die klarsten und augenfälligsten das Opfer Isaaks und die eherne Schlange. Beide sind unter dem Hauptbild des Kreuzesopfers dargestellt. Zu den ersten haben wir dem, was wir hierüber in Erklärung der 18. Tafel gesagt haben, nur Weniges beizufügen. Das 1. Buch Moses 22, 9—13 erzählt nämlich weiter, daß Abraham auf dem Berge einen Altar baute und das Holz darauf legte. Darnach band er seinen Sohn Isaak und legte ihn auf das Holz, streckte seine Hand aus und ergriff das Schwert, um seinen Sohn zu schlachten. Der Engel des Herrn aber rief ihn an und sprach: „Strecke deine Hand nicht aus über den Knaben und thue ihm nichts; denn nun erkenne ich, daß du Gott fürchtest und auch deines einzigen Sohnes nicht geschont hast um meinetwillen." Abraham aber sah rücklings einen Widder, der mit den Hörnern in den Dornen der Hecken hing; den nahm er und brachte ihn zum Brandopfer an seines Sohnes Statt. Die heiligen Väter deuten diese Erzählung der heiligen Geschichte einstimmig auf Jesus, und zwar so, daß der anstatt Isaaks geopferte Widder ein wesentlicher Theil des Vorbildes ist. Wir wollen nur zwei heilige Kirchenlehrer anführen. Der hl. Augustin sagt: „Endlich, da Isaak nicht geopfert werden mußte, wer war denn jener Widder, durch dessen Schlachtung das Opfer in andeutendem, sinnbildlichem Blute vollendet wurde? Nämlich, als ihn Abraham erblickte, wurde er an seinen Hörnern im Strauche festgehalten. Wer anders also wurde vorgebildet, als Jesus, der, bevor er geopfert wurde, mit Dornen gekrönt worden ist?" (Civ. Doi Lib. 16, 32.) Der heilige Kirchenlehrer Thomas von Aquin (Comm. zu Hebr. 11, 19) erklärt eine Stelle im Hebräerbrief also: ‚Endlich, wenn der Apostel sagt: ‚Er empfing den Isaak zurück zum Vorbilde', so zeigt es, was Abraham durch den Glauben verdiente. Denn als (beim Opfer Isaaks) nichts mehr zu thun übrig war, als die Schlachtung, rief ihn der Engel an, und er schlachtete den an den Hörnern hängenden Widder anstatt seines Sohnes. Das war das Vorbild des zukünftigen Christus. Denn der mit seinen Hörnern in den Dornen hängende Widder ist die an das Kreuz geschlagene Menschheit, welche gelitten hat. Isaak, das heißt die Gottheit, blieb frei, als Christus wahrhaft starb und begraben wurde. So ist klar, daß jenes Vorbild dem Vorgebildeten vollkommen gleich kam. Abraham erhielt also seinen Sohn Isaak zum Vorbild Christi, der gekreuzigt und als Opfer geschlachtet werden sollte."

Das Vorbild zur rechten Hand mit der Ueberschrift: Et locutus est Dominus, d. h. Es sprach der Herr zu Moses: Mache eine eherne Schlange und richte sie zum Zeichen auf; wer gebissen ist und sie ansieht, soll leben — ist die Darstellung der Erzählung im 4. Buch Moses, 21. Kap. Das Volk murrte gegen Gott und Moses und sprach: „Warum hast du uns aus Aegypten herausgeführt, daß wir sterben in der Wüste? Weder Brod noch Wasser ist da, und uns ekelt an dieser überaus schalen Speise." Zur Strafe sandte Gott giftige Schlangen unter das Volk. Sehr Viele wurden gebissen und starben. Da kamen sie zu Moses und baten mit Reueschmerz um Hülfe. Auf des Moses Flehen gab Gott als Heilmittel die eherne Schlange. Moses richtete sie an einem Holze auf, und wer sie ansah, wurde geheilt. Dieses Vorbild deutet Christus selbst auf sich, indem er bei Joh. 3, 14 sagt, er müsse, wie die Schlange in der Wüste, erhöht werden, damit, wer an ihn glaube, nicht verloren gehe.

— 40 —

20. Die Seitenwunde.

20. Die Seitenwunde.

Nachdem Jesus von der sechsten bis zur neunten Stunde am Kreuze unsägliche Schmerzen erduldet hatte, rief er: „Es ist vollbracht!" Und er neigte sein Haupt und gab den Geist auf. Die Juden aber, damit die Körper am Sabbathe nicht am Kreuze blieben, baten den Pilatus, daß ihre Beine gebrochen und sie abgenommen werden möchten. Die Soldaten kamen und zerbrachen die Gebeine des ersten und des andern Schächers. Da sie zu Jesus kamen und sahen, daß er schon gestorben sei, zerbrachen sie seine Gebeine nicht, sondern einer der Soldaten öffnete seine Seite mit einem Speere, und sogleich floß Blut und Wasser heraus. So erzählt der heilige Evangelist Johannes 19, 30—34.

Beides ist prophetisch geoffenbart schon im Alten Testament. Es war Gottes Gesetz, daß die Gebeine des Osterlammes nicht gebrochen werden durften: „In Einem Hause soll man es essen, und ihr sollt von seinem Fleisch nichts hinaustragen, auch kein Bein an ihm zerbrechen" (2 Moses 12, 46 und 4 Mos. 9, 12). Das Osterlamm ist in allen Stücken eine vorbildliche Weissagung von dem Schlachten des wahren Osterlammes Jesu Christi, so auch in diesem. Darauf weist das erste Prophetenbild hin, das zweite aber auf die Weissagung des Propheten Zacharias 12, 10: „Sie werden schauen auf mich, den sie durchbohrt haben." Um zu beweisen, es sei Glaubenssache, daß diese beiden Prophezeiungen des Alten Bundes eine Offenbarung seien, welche den Juden das wahre Osterlamm kund thaten, genügt es, darauf hinzuweisen, daß der heilige Evangelist Johannes 19, 36. 37 dieß ausdrücklich sagt: „Dieß ist geschehen, damit die Schrift erfüllt würde: Ihr sollt an ihm kein Bein zerbrechen." Und wieder eine andere Schriftstelle spricht: „Sie werden sehen, wen sie durchbohrt haben."

Das erste Vorbild (1 Mos. 2, 21), die Erschaffung Eva's aus Adam, ist voll tiefer Bedeutung, denn es enthält die Lehre von der Erschaffung der Kirche aus dem geöffneten Herzen Jesu. Um dem Adam eine Gehilfin zu geben, die ihm ähnlich wäre und zugleich die Mutter aller Kinder Adams, sandte Gott einen Schlaf über Adam, nahm eine von seinen Rippen und baute davon ein Weib und führte sie zu Adam. Dieser sprach: „Dieß ist Fleisch von meinem Fleisch und Bein von meinen Beinen. Darum soll sie Männin heißen, weil sie vom Manne genommen ist." So wie die Stammmutter Eva rein, makel- und sündenlos aus Adams Seite hervorgegangen ist, als Gottes Werk, so ging die Braut des Erlösers, die heilige Kirche, aus der Seite Christi rein und makellos hervor, als das Werk des Erlösers, als er sein Leiden vollbracht hatte. Braut wird die Kirche genannt von hl. Johannes (Off. 21, 2; 22, 17), wie Jesus der Bräutigam heißt (Matth. 25), der sich selbst für seine Braut, die Kirche, hingegeben hat, um sie zu heiligen und zu reinigen, und sie sich herrlich darzustellen ohne Makel, daß sie heilig und unbefleckt sei (Ephes. 5, 25—27). Diese Auffassung des Geheimnisses kehrt bei den heiligen Vätern immer wieder und ist als Gegenstand des Glaubens und der Lobpreisung Gottes sogar in die heilige Liturgie übergegangen. Papst Innocenz VI. führte im Jahre 1354 ein eigenes Fest der Lanze und Nägel Christi ein und gab eine Liturgie dafür. In dem betreffenden Decrete läßt er sich also vernehmen: „Der Erlöser hat es geduldet, daß nach seinem Tode noch seine heilige Seite durchbohrt werde, damit, indem die Quellen von Blut und Wasser daraus hervorbrechen, die einzige, unbefleckte, jungfräuliche, heilige Mutter Kirche, seine Braut, gebildet werde. O glückselige Eröffnung der heiligen Seite, aus der uns so viele und so große Geschenke der göttlichen Liebe geflossen sind!"

Das andere Vorbild ist der Fels, aus dem Moses mit dem Stab auf Gottes Befehl und in dessen wunderbarer Macht Wasser schlägt für das Volk (2 Mos. 17, 1—7). Denn obwohl es aus dem Stande der ägyptischen Sklaverei herausgeführt war, so wäre es doch während der Pilgerschaft in der Wüste verschmachtet, wenn ihm Gott nicht diese wunderbare Labung geschenkt hätte. Das ist ein treffliches Bild des Christen, der, wenn auch der Sklaverei der Sünde entrissen, doch auf der Pilgerschaft dieses Erdenlebens und inmitten aller Kämpfe und Versuchungen zu Grunde gehen würde ohne die aus der Seite Jesu gebildete Kirche und ihre Gewalt über alle Gnadenmittel des heiligsten Herzens ihres Erlösers. Ueber die Bedeutung dieses Felsens und des Wassers daraus konnte unter den heiligen Vätern nie ein Zweifel sein; denn die heilige Schrift gibt die Erklärung selbst, ist also Allen ein untrüglicher Wegweiser. Der Apostel Paulus sagt nämlich in seinem ersten Brief an die Christen in Korinth 10, 4 also: „Unsere Väter tranken alle denselben geistigen Trank (sie tranken nämlich aus dem geistigen Felsen, der ihnen folgte, und der Felsen war Christus)." „Er war er nicht der Wahrheit nach, sondern als Vorbild," sagt der hl. Thomas zu dieser Stelle, „und der Trank war geistig wegen seiner wunderbaren Wirkung und weil er Zeichen und Bild des zukünftigen Trankes ist." Von diesem verheißenen Wasser redet Jesus im 4. Cap. Joh. zu der Samariterin: „Jeder, der von diesem Wasser (aus dem Brunnen Jakobs) trinkt, den dürstet wieder; wer aber von dem Wasser trinkt, das ich ihm geben werde, den wird nicht mehr dürsten in Ewigkeit, sondern es wird ihm zur Wasserquelle, die in's ewige Leben hinströmt." Schön ist, was ein alter Erklärer (Theodor. bei Corn. a Lap. zu 2 Mos. 17, 6) sagt: „Die Ruthe, mit der Moses den Felsen schlägt, ist das Kreuz, durch welches verwundet und geschlagen Christus Wasser, das ist sein Blut, für uns gegeben und im heiligsten Sacrament Allen zu trinken hinterlassen hat."

21. Christus wird in den Schooß seiner Mutter gelegt.

21. Christus wird in den Schooß seiner Mutter gelegt.

Nach diesem trat Joseph von Arimathäa, einer Stadt in Judäa, der selbst das Reich Gottes erwartete, ein vornehmer Rathsherr, ein guter und gerechter Mann, zu Pilatus und begehrte den Leichnam Christi. Und da dieser vom Hauptmann erfahren hatte, daß Jesus schon gestorben sei, so schenkte er ihm den Leichnam. Er kam also und nahm den Leichnam ab. Es kam aber auch Nikodemus, welcher vormals bei der Nacht zu Jesu gekommen war, und brachte eine Mischung von Myrrhe und Aloe, gegen hundert Pfund. So erzählen die heiligen Evangelisten. Die heilige Mutter Jesu ist Zenge davon. Sie steht, sagen die Ausleger der Schrift, auf alte Ueberlieferungen sich stützend, am Fuße des Kreuzes, während die Kreuzabnahme vollbracht wird. Dann nimmt sie den heiligen Leichnam in ihre Arme und legt ihn in ihren Schooß. Er ist auch ihr Sohn; mit dem Rechte, das sie als Mutter auf ihn hat, opfert sie ihn noch einmal dem himmlischen Vater, wie sie schon einmal ihn im Tempel geopfert hat. Dieß ist auch in die Gebetsweise der katholischen Kirche übergegangen. Die so beliebte, mit unzähligen Abläßen begnadigte Kreuzweg-Andacht hat diese Begebenheit als 13. Station, der gleichfalls mit Abläßen begnadigte Rosenkranz von den sieben Schmerzen als sechstes Geheimniß.

Diesen bitteren Schmerz der Gottesmutter sinnbildet der Schmerz der Stammeltern Adam und Eva, als sie den vom Brudermörder Kain erschlagenen Abel als Leichnam wieder empfingen. „Christus ist in Abel getödtet worden," sagt der heilige Kirchenlehrer Leo. „Wie des Einen Tod das Vorbild des unschuldigen am Kreuze geschlachteten Lammes ist, so ist die trauernde Mutter Eva das Vorbild der schmerzhaften Mutter Gottes." Der hl. Augustin (Civ. Dei Lib. 15. Cap. 17) sagt: „Durch jene beiden Menschen, Abel, dessen Name verdolmetscht wird: Trauer, und durch seinen Bruder Seth, dessen Name gedeutet wird: Auferstehung, wird der Tod und die Auferstehung Christi vorgebildet." Der heilige Kirchenlehrer Thomas von Aquin macht zu den Worten des Apostels (Hebr. 12, 24), daß das Blut Jesu besser rede, als das Blut Abels, die Bemerkung: die Vergießung des Blutes Christi sei in der Vergießung des Blutes aller Gerechten vorgebildet, welche von Anfang der Welt gelebt haben, nach der geheimen Offenbarung 13, 8, wo Christus das Lamm genannt wird, das von Anfang der Welt geschlachtet, das heißt, dessen Schlachtung vorausgesehen worden ist. Und daher ist Abels Tod das Vorbild des Todes Jesu. Ganz entsprechend ist die betrübte Mutter Eva ein Bild der Schmerzensmutter unter dem Kreuze mit dem Leichnam ihres Sohnes im Schooß. Dieß stellt das erste Vorbild dar, während das zur rechten Hand die vom Lande der Moabiter zurückgekehrte Noemi vorstellt. Dort hatte sie ihren Mann und ihre zwei Söhne verloren. Als sich das Gerücht von ihrer Ankunft verbreitete, sprachen die Frauen unter einander: „Das ist die Noemi." Und sie sprach zu ihnen: „Nennet mich nicht Noemi, das ist, die Schöne; vocate me Mara, nennet mich Mara, das ist die Bittere (die Betrübte), denn der Herr hat mich mit Bitterkeit sehr erfüllt" (Ruth 1, 19. 20).

Die Stelle aus dem ersten Buche der Machabäer 9, 20. 21 ist Weissagung und Vorbild der Klage der um Jesu Leichnam versammelten Heiligen. Judas, der Held unter den Machabäern und Anführer der streitenden Israeliten, war im Kampfe gegen die Feinde des Glaubens der Väter gefallen. „Und es beweinte ihn das ganze Volk Israel mit großer Klage und trauerte lange Zeit. Und sie sprachen: ‚Wie ist der Held gefallen, der das Volk Israel gerettet!" Die zweite Weissagung ist die bekannte Stelle aus Jeremias 31, 15: „So spricht der Herr: Eine Stimme des Klagens, Trauerns und Weinens hört man auf der Höhe: Rachel beweint ihre Kinder und will sich nicht trösten lassen über sie, weil sie dahin sind." Ueber dem Hauptbild steht die Ueberschrift aus den Klageliedern des Propheten Jeremias 2, 13 und 1, 12. „Mit wem soll ich dich vergleichen? Oder wen soll ich dir gleich halten, Tochter Jerusalems? Wen soll ich dir ähnlich nennen, um dich zu trösten, Jungfrau, Tochter Sions? Denn groß, wie das Meer, ist deine Betrübniß, wer kann dich heilen?" „O ihr Alle, die ihr vorübergeht am Wege, gebet Acht und schauet, ob ein Schmerz gleich sei meinem Schmerze!" Daß die Kirche diese Prophezeiung auf die schmerzhafte Mutter Maria bezieht, hat sie dadurch bewiesen, daß dieselbe in die heilige Liturgie von den sieben Schmerzen Mariä aufgenommen ist: im Kapitel der Vesper und Laudes, in der 2. Lection der I. Nocturn und im Responsorium der Terz (Breviarium Rom. Domin. 3. Septembr.)

— 44 —

22. Grablegung Christi.

22. Grablegung Christi.

Darnach nahmen Joseph von Arimathäa und Nikodemus den Leichnam Jesu und wickelten ihn sammt den Spezereien in ein neues Leintuch. Es war aber an dem Orte, wo er gekreuzigt wurde, ein Garten, und in dem Garten ein neues Grab, das Joseph für sich in einen Felsen hatte hauen lassen, und in das noch Niemand gelegt worden war. Dorthin legten sie Jesus wegen des Rüsttags der Juden und weil der Sabbath anbrach; denn das Grab war in der Nähe. Die Frauen aber, welche mit Jesus aus Galiläa gekommen waren, folgten nach, schauten das Grab, und wie sein Leichnam hineingelegt ward. Dann wälzten sie einen großen Stein vor das Grab und gingen weg. So erzählen die heiligen Evangelisten (Matth. 27, 59—61; Mark. 15, 46. 47; Luc. 23, 53—55; Joh. 19, 40—42). Des andern Tages, der auf den Rüsttag folgte, versammelten sich die Hohenpriester und Pharisäer bei Pilatus und sprachen: „Herr, wir haben uns erinnert, daß jener Verführer, als er noch lebte, gesagt hat: ‚Nach drei Tagen werde ich wieder auferstehen.' Befiehl also, daß man das Grab bis auf den dritten Tag bewache, damit nicht etwa seine Jünger kommen, ihn stehlen und dem Volke sagen: Er ist von den Todten auferstanden, und so der letzte Irrthum ärger würde, als der erste. Pilatus gab ihnen die Wache. Sie aber gingen hin, verwahrten das Grab mit der Wache und versiegelten den Stein." (Matth. 27, 62—66).

Zu den prophetischen Offenbarungen über das Grab Christi gehört auch die Stelle Jesaias 11, 10, welche auf dem Spruchband des linken Prophetenbildes angeführt ist: „An diesem Tage wird die Wurzel Jesse's zum Panier für die Völker stehen, die Nationen werden zu ihm beten, und sein Grab wird glorreich sein." Der Prophet verkündet mit diesen Worten: Die Fahne des Kreuzes (vexillum crucis) der Wurzel Jesse, das ist des Nachkommens Davids, nämlich des Messias, wird für alle Völker aufgerichtet, das Kreuz, an welchem der Messias erhöht wird, um Alle an sich zu ziehen. Der Tod am Kreuze ist zwar ein schmählicher Tod, aber sein Grab wird glorreich sein. Geehrt und glorreich ist es durch das muthige Bekenntniß des Joseph und Nikodemus, da sie sich nicht scheuten, den Leichnam des Herrn ehrerbietig, liebevoll, mit allem Aufwand ihrer Mittel zu begraben; glorreich durch die Auferstehung so vieler Todten, welche in die Stadt kamen, zur Zeit, da Jesus, vom Kreuze abgenommen, in das Grab gelegt wurde; glorreich durch die nachfolgende Auferstehung, durch die Erbauung der Grabeskirche durch die hl. Helena, durch die seitdem niemals unterbrochene Wallfahrt der christlichen Völker zu dieser geheiligten Stätte, endlich durch die jährlich wiederkehrende Feier der Auferstehung Christi in allen christlichen Kirchen. Daß diese Weissagung des Jesaias auf den Messias deutet, beweist die heilige Schrift des Neuen Bundes, denn der hl. Apostel Paulus beruft sich auf dieselbe in Bezug auf Jesus in seinem Briefe an die Römer 15, 12.

Der Leichnam wird in ein fremdes Grab gelegt. Er braucht kein eigenes, denn er wird nur kurze Zeit im Grabe bleiben; er wird nicht hineingelegt wie ein Todter, sondern wie einer, der sich zur kurzen Ruhe hinlegt. Seine Seele ist auf einige Tage vom Leibe getrennt, um in der Vorhölle den heiligen Seelen der Geretteten zu predigen, wie der Apostel sagt (1 Petr. 3, 19), und so seine Sendung zu vollenden. Das deutet so schön das zweite Prophetenwort aus dem Hohenliede 5, 2 an, das da sagt: „Ich schlafe, aber mein Herz wacht."

Von den Vorbildern nur einige Worte: Das zur linken Seite stellt Joseph, den Sohn des Patriarchen Jakob dar, wie er von seinen Brüdern in die Cisterne versenkt wird (1 Mos. 37, 23. 24). Das ganze Leben Josephs ist vorbildlich; daher ist dieses Begebniß aus seinem Leben ganz treffend auf die Grablegung Christi gedeutet. So sagt der hl. Eucherius (s. Cartier zur Genesis): „Joseph wird in die Cisterne geworfen, das ist: Christus steigt in die Vorhölle hinab." Das andere Vorbild ist der vom Fische verschlungene Prophet Jonas. Jesus selbst sagt, daß dieses Vorbild auf sein Ruhen im Grabe sich beziehe. Als die Schriftgelehrten und Pharisäer ein Zeichen von ihm verlangten, sprach er zu ihnen: „Das böse und ehebrecherische Geschlecht verlangt ein Zeichen, aber es wird ihm kein Zeichen gegeben werden, als das Zeichen des Jonas, des Propheten. Denn gleichwie Jonas drei Tage und drei Nächte in dem Bauche des Fisches gewesen, also wird auch der Sohn des Menschen drei Tage und drei Nächte im Herzen der Erde sein" (Matth. 12, 39. 40). Um nur noch einen Kirchenvater zu nennen, so hat der hl. Ambrosius in seiner Erklärung des 43. Psalms die ganze Erläuterung zum 32. Vers der Vergleichung des Jonas mit Jesus, des Vorbildes mit der Erfüllung desselben gewidmet. Und der hl. Maximinus sagt: „Wir sehen in dem Propheten Jonas den Tod und die Auferstehung Jesu in gleicher Weise vorgebildet."

23. Christus in der Vorhölle.

23. Christus in der Vorhölle.

Als Jesus seinen Geist aufgegeben hatte, stieg seine mit der Gottheit wesentlich vereinigte Seele in die Vorhölle hinab. So lehrt uns das christliche Glaubensbekenntniß nach dem klaren Ausspruch des hl. Apostels Petrus: „Christus wurde zwar getödtet dem Fleische nach, aber lebendig gemacht dem Geiste nach, in welchem er auch zu den Geistern kam, die im Gefängnisse waren, und ihnen predigte" (1. Petri 3, 18. 19). Unter dem Gefängniß ist der Ort zu verstehen, den Jesus den Schooß Abrahams nennt, also den Aufenthalt der Gerechten, die vor Christi Tod durch seine Gnade heilig starben, aber auch nach Vollendung ihrer zeitlichen Buße im Reinigungsort nicht zur Anschauung Gottes gelangen konnten, weil die Erlösung noch nicht vollbracht und die Wohnungen in der ewigen Seligkeit noch nicht zubereitet waren. Jesus predigte diesen geheiligten Seelen, das heißt, er verkündete ihnen, daß Alles erfüllt sei, auf was sie gehofft, und zeigte ihnen durch die Erscheinung seiner Gottheit und seiner allerheiligsten menschlichen Seele, daß der Erlöser für sie geboren und gestorben sei, an den sie geglaubt haben, und daß ihre Erlösung nahe sei. Der christliche Glaube nennt diesen Ort „Hölle" nach dem Worte, das Gott schon in der Offenbarung des Alten Testaments weissagend gebrauchte. Denn im Psalm 15, 10 heißt es: „Du wirst meine Seele nicht in der Hölle lassen." Diese prophetische Offenbarung bezieht sich nach dem klaren Ausspruch der heiligen Schrift (Apostelgeschichte 2, 31) auf Jesus Christus. Demnach ist also schon nach der den Juden gegebenen Offenbarung die Seele Jesu in die „Hölle", aber nicht in die Hölle, welche der Ort der Verdammten ist, hinabgestiegen, jedoch nicht um dort zu bleiben.

Außer dieser klaren Weissagung, die eine Verpflichtung zum Glauben an ein zukünftiges Geheimniß auferlegte, ist auch die Frucht dieses Hinabsteigens der Seele Jesu in die Vorhölle, nämlich die Befreiung der dort zurückgehaltenen Seelen, prophetisch verkündet. Denn es heißt in der Stelle der heiligen Schrift, auf welche das zweite Prophetenbild hinweist, nämlich in Zacharias 9, 11: „Auch du (König Israels, Erlöser) wirst entlassen im Blute deines Bundes deine Gefangenen aus der wasserleeren Grube", das ist das Bild des Kerkers ohne Labung und Trost der Seele, die nur in Gottes Anschauung ihr letztes und höchstes Glück findet. Wenige Zeilen vorher (Vers 9) spricht derselbe Prophet von dem Erlöser, der in Jerusalem einziehen werde, sitzend auf einer Eselin. Wie diese Worte sich nach der ausdrücklichen Lehre des Evangeliums auf Jesus beziehen, so auch jene Prophezeiung, von der wir reden. Du, o König Israels, Erlöser — so verkündet der Prophet —, wirst durch dein Blut, das Blut des Neuen Bundes, deine Gefangenen aus dem Kerker, das ist, der Vorhölle, befreien. Es genüge, beizufügen, daß die heiligen Lehrer und Väter diese Worte des Propheten in vollkommener Uebereinstimmung also erklären. Der gelehrte Cardinal Bellarmin hat sie alle in einem Buche über die Seele Christi zusammengestellt. Gerade auf diese Schriftstelle und andere ähnliche gestützt, stellt uns die heilige Kirche zu glauben vor, daß Jesus, nachdem er sein Blut vergossen hat, gleich nach seinem Tode der Seele nach in die Vorhölle hinabgestiegen und dort bis zu seiner Auferstehung geblieben ist, daß er, in seinen heiligen Leib zurückkehrend, auch für die Gefangenen die ehernen Pforten der Vorhölle zerbrochen (Psalm 106, 16) und sie mit sich geführt hat.

Wenden wir uns zu den Vorbildern. Das erste mit der Aufschrift: Praeciditque caput ejus, d. h. er hieb ihm den Kopf ab, stellt den David dar, der, nachdem Goliath besiegt und gefallen war, auf ihn zulief und ihm mit dessen eigenem Schwerte den Kopf abschlug. Goliath, der übermüthige Riese, vor dem das ganze Heer und die Helden Israels zitterten, bis David kam und ihn, nicht mit kriegerischen Waffen, sondern mit der hölzernen Schleuder des Hirten und fünf Kieselsteinen bewaffnet, besiegte, sinnbildet nach allgemeiner Anschauung der Kirchenväter den Teufel, den tyrannischen Beherrscher der gefallenen Menschheit; denn die Stammeltern haben in der Sünde des Teufels Werk gethan, und nach dem Apostel ist, wer von Jemand überwältigt wurde, auch dessen Sklave (2. Petr. 2, 19). Der rechte David ist Christus, von dem König David gesinnbildet. So deuten die Väter. Er ist es, der dem Satan den Kopf abschlägt und dadurch dessen Macht über die Menschheit bricht und die vom Teufel Gefangenen wieder befreit. So sagt der hl. Chrysostomus: „Jenes Schwert, welches der Teufel gegen uns so sehr als möglich geschärft hatte, hat das Haupt des Drachen abgeschlagen, wie dieß auch in dem Kampfe Davids mit Goliath geschah" (De S. Droside, 2. Paris. Ausg. 1835, S. 826). So wie David die Israeliten von der Knechtschaft der Philister befreite, so befreit Jesus die von der ersten Sündenschuld her zu Gefangenen des Teufels gewordenen Väter aus der Vorhölle.

Es ist eine in der Sprache der Kirche und der heiligen Schrift geläufige Vergleichung, die des Teufels nämlich mit einem brüllenden Löwen, der umhergeht, um zu suchen, wen er verschlingen könne (1 Petr. 5, 8). Darauf gründet sich die Bedeutung des zweiten Vorbildes: Samson zerreißt den Löwen. Die heilige Schrift (Buch der Richter 14, 5. 6) erzählt davon also: „Samson ging mit seinem Vater und seiner Mutter hinab nach Thamnata, einer Stadt der Philister. Als sie zu den Weinbergen der Stadt kamen, da zeigte sich ein junger Löwe, grimmig und brüllend, und kam dem Samson entgegen. Aber der Geist des Herrn kam über ihn und er zerriß den Löwen, wie man ein Böcklein in Stücke reißt, und hatte doch nichts in seiner Hand; aber seinem Vater und seiner Mutter wollte er nichts davon sagen." Samson bedeutet Jesus, der den höllischen Löwen getödtet hat.

24. Auferstehung Christi.

24. Auferstehung Christi.

Als der Sabbat vorüber war, kauften Maria Magdalena, Maria, des Jakobus Mutter, und Salome Spezereien, um hinzugehen und Jesum zu salben. Und sie kamen am ersten Tage der Woche (Sonntag) in aller Frühe zum Grabe, da die Sonne eben aufgegangen war. Als sie zum Grabe kamen, fanden sie den Stein weggewälzt; da sie aber hineingegangen waren, sahen sie einen Jüngling zur Rechten sitzen, angethan mit einem weißen Kleide; und sie erschraken. Dieser aber sprach zu ihnen: „Fürchtet euch nicht! Ihr suchet Jesum von Nazareth, den Gekreuzigten; er ist erstanden, er ist nicht hier. Sehet den Ort, wo sie ihn hingelegt hatten. Gehet aber hin, saget es seinen Jüngern und dem Petrus, daß er euch vorangehe nach Galiläa; daselbst werdet ihr ihn sehen, wie er euch gesagt hat." Sie gingen eilends mit Furcht und großer Freude vom Grabe hinweg. Und siehe, als Jesus am ersten Tage der Woche (Sonntag) auferstanden war, begegnete er ihnen und sprach: „Seid gegrüßt!" Sie traten hinzu, umfaßten seine Füße und beteten ihn an (Matth. 28, 1—9; Mark. 16, 1—9).

Aus der Zahl der prophetischen Offenbarungen dieser glorreichen Auferstehung führt unser Bild zwei Prophetenstellen des Alten Bundes vor Augen, welche zugleich als Ueberschrift des ganzen Bildes dienen. Das erste ist aus dem Propheten Osea 6, 3: Die tertia suscitabis nos et vivemus, d. h. am dritten Tage wirst du uns erwecken und wir werden leben. Um kurz zu sein, wollen wir hier nur der Worte eines Schrifterklärers uns bedienen, welcher sagt, daß alle Kirchenväter und rechtgläubigen Schrifterklärer lehren, der Prophet sage hier die Ankunft und die am dritten Tage geschehene Auferstehung des Erlösers voraus. Er fügt noch bei, die heiligen Väter haben aus diesem Prophetenwort die Wahrheit sowohl der Auferstehung Jesu als auch unserer eigenen Auferstehung am jüngsten Tage bewiesen.

Wenden wir uns zu den Vorbildern der Auferstehung Christi. Das erste, zur linken Seite unter dem Hauptbilde, stellt Samson dar, welcher die Thorflügel von Gaza ausreißt und auf seinen Schultern wegträgt. Das Buch der Richter 16, 1—3 erzählt dieß also: Samson war in die Stadt Gaza gekommen. Als die Philister, gegen welche er als Feinde Gottes und des Volkes Israel mit übernatürlicher Stärke kämpfte, dieß erfuhren, umzingelten sie das Haus, in welchem er war, und setzten Wächter in das Stadtthor und warteten da in der Stille der Nacht, um ihn am Morgen, wenn er hinausginge, zu tödten. Samson aber schlief bis Mitternacht; dann machte er sich auf, nahm (nachdem er die Wächter vertrieben hatte) die beiden Flügel des Thores mit ihren Pforten und Riegeln, legte sie auf seine Achseln und trug sie auf den Gipfel des Berges, der gegen Hebron führt. Hören wir über dieses Vorbild die heiligen Kirchenväter. Der hl. Augustinus (Serm. 107 de temp.) sagt: „Samson, der um Mitternacht die Thore von Gaza aushebt, stellt Christum dar, der nach Mitternacht aus dem verschlossenen und versiegelten Grabe weggeht und überdieß die Thore des Todes und der Vorhölle wegnimmt und die Patriarchen, Propheten und alle Heiligen im Siegeszuge herausführt." Der heilige Kirchenlehrer Papst Gregor der Große führt das Bild noch weiter aus, indem er den Gedanken des hl. Augustinus noch folgende beifügt: „Samson bedeutet Christum, Gaza die Vorhölle. Durch die Philister ist die Treulosigkeit der Juden bezeichnet, welche, nachdem der Herr schon todt und begraben war, Wächter am Grabe aufstellen und sich freuten, ihn, gleichsam als einen Samson in Gaza, festgenommen zu haben. Samson aber ging um Mitternacht nicht bloß heraus, sondern trug auch noch die Thorflügel weg, weil nämlich unser Erlöser, vor Tagesanbruch auferstehend, nicht bloß frei aus der Vorhölle ging, sondern auch das Bollwerk der Vorhölle zerstörte. Die Thore trug er weg und erstieg den Gipfel des Berges, weil er die Riegel der Vorhölle brach und in seiner Auferstehung in das Himmelreich einzog." So der hl. Gregor. Wie allgemein die Christen dieses Vorbild so verstanden, geht auch daraus hervor, daß Samson mit den Thoren von Gaza auf christlichen Särgen der ältesten Zeit häufig dargestellt ist. Der Sarg derjenigen, welche im Frieden Christi beigesetzt sind, wird am jüngsten Tage zerbrochen und muß seine Beute herausgeben. Im Mittelbilde zwischen den beiden Vorbildern ist der Löwe dargestellt, der den schwächeren bezwungen hat. Samson, der den Löwen zerriß, bedeutet ja Christum, den Löwen aus dem Stamme Juda, der den höllischen Löwen überwunden hat. So sinnbildet diese Darstellung das Wort des Apostels Paulus 1 Kor. 15, 55: „O Tod, ich will dein Tod sein; Hölle, ich will dein Biß sein."

Bei Erklärung der 22. Tafel ist schon gesagt worden, daß Jonas, der vom Fische verschlungen wird, im Vorbild Christus ist, der vom Grabe aufgenommen wird. In derselben Weise ist der vom Fische an das Land geworfene Jonas das Vorbild des vom Grabe erstandenen Erlösers. So verstehen es die heiligen Väter, welche nur das erläutern, was Jesus von Jonas als seinem Vorbilde selber sagt. So bemerkt der hl. Augustinus (Lib. 4 de Symb. ad Catech. c. 6): „Der Prophet Jonas ist am dritten Tage unversehrt dem festen Lande zurückgegeben worden, Christus ist am dritten Tage vom Grabe erstanden und über alle Himmel erhöht worden."

25. Himmelfahrt Christi.

25. Himmelfahrt Christi.

Am vierzigsten Tage nach seiner Auferstehung führte Jesus seine Jünger nach Bethanien hinaus; da hob er seine Hände auf und segnete sie. Und es geschah, nachdem er mit ihnen geredet hatte und während er sie segnete, schied er von ihnen und fuhr in den Himmel auf und sitzet zur Rechten Gottes. Das ist die einfache Erzählung der heiligen Evangelisten von der Himmelfahrt Christi (Mark. 16, 19; Luk. 24, 50. 51).

Der Prophet Michäas, der auf dem ersten Prophetenbild dargestellt ist, gibt die Offenbarung der Himmelfahrt des Erlösers in Kap. 2, 13: „Es wird heraufziehen vor ihnen der, welcher den Weg öffnet; sie werden durchbrechen und überschreiten das Thor und ihren Einzug halten durch dasselbe; und vor ihnen her zieht ihr König und der Herr an ihrer Spitze." Wahrhaft und vollständig ist diese Weissagung erfüllt worden, als Jesus in den Himmel auffuhr an der Spitze seiner bis dahin durch ihn Geheiligten, ihnen den Weg öffnete und das bis dahin verschlossene Himmelsthor durchbrechend. So erklärt die Schriftauslegung (vgl. Corn. a Lap. zu der Stelle). Vollkommen erfüllt ist jetzt auch die ähnliche Weissagung Psalm 67, 19: „Du fährst in die Höhe, nimmst die Gefangenschaft gefangen und nimmst die Geschenke mit für die Menschen." Dieß ist nach dem heiligen Apostel Paulus (Epheser 4, 8) von Christus prophezeit, aber auch erfüllt, indem er in den Himmel auffährt, die in der Vorhölle zurückgehaltenen Seelen der Gerechten als sein durch das Lösegeld seines kostbaren Blutes losgekauftes Eigenthum mit sich führt und durch den heiligen Geist seine Gnaden und Verdienste für die Menschen austheilt.

Das zweite Prophetenbild verweist auf Psalm 47, 6: „Der Herr ist aufgefahren mit Jubelklang, der Herr mit Posaunenschall." Diese Prophezeiung der Himmelfahrt Jesu ist von der Kirche mehrfach in dem heiligen Officium des Himmelfahrtsfestes, sowohl im Brevier als in der heiligen Messe gebraucht, zum Beweise, daß sie zu der alttestamentlichen Offenbarung über den Messias gehört.

Die Vorbilder der Himmelfahrt sind Henoch und Elias. Von Henoch, dem Nachkommen Adams im siebenten Geschlechte, berichtet das erste Buch Mosis 5, 24: „Er wandelte vor Gott und ward nicht mehr gesehen. Denn Gott nahm ihn weg" (ihn an einen andern Ort versetzend). Die heilige Schrift des Neuen Testaments (Hebräerbrief 11, 5) sagt deutlicher: „Durch den Glauben ward Henoch hinweggenommen, damit er den Tod nicht sähe, und man fand ihn nicht. Denn Gott hatte ihn weggenommen, und vor der Hinwegnahme hatte er das Zeugniß, Gott gefallen zu haben."

Von der Himmelfahrt des Propheten Elias berichtet die heilige Schrift: „Da sie (Elias und Elisäus) jenseits des Jordans fortgingen und gehend redeten, siehe, da kam ein feuriger Wagen mit feurigen Pferden, welche Beide von einander trennten, und Elias fuhr im Sturm gen Himmel" (4. Könige 2, 11). Zuvor hatte Elisäus den Elias noch gebeten: „Laß deinen Geist doppelt in mir sein." Die Bitte wurde erhört und Elisäus wurde, mit dem Geiste des Elias ausgerüstet, dessen Nachfolger. Diese beiden Wunder sind immer als Vorbilder der Himmelfahrt Jesu angesehen worden. Der hl. Gregor sagt (in der 29. Hom. in Ev.): „Henoch, der hinweggenommen, Elias, der in den Lufthimmel erhoben worden ist, sinnbilden beide die Himmelfahrt des Herrn." Nach dem hl. Gregor (an dem angeführten Orte) und dem hl. Thomas von Aquin (Comm. zu Hebr. 11, 5) lag es in der Absicht Gottes, zwei Vorherverkündiger und Zeugen seiner Himmelfahrt zu haben: einen aus der Zeit, da das Naturgesetz geherrscht (Henoch); einen aus der Zeit des mosaischen Gesetzes, den Elias; um nämlich, nachdem das Urtheil des Todes über die Menschheit gesprochen worden war, die Hoffnung des Lebens aufrecht zu erhalten. In Christo endlich, unter dem Gesetz der Gnade, ist diese Hoffnung, der Nothwendigkeit des Todes entgehen zu können, verwirklicht worden. Da aber das Urtheil des Todes über Alle ergangen und es allen Menschen gesetzt ist, einmal zu sterben (Hebr. 9, 27), so müssen auch Henoch und Elias sterben, und zwar durch den Antichrist. Nach der allgemeinen Ansicht der heiligen Väter sind nämlich Elias und Henoch jene beiden Zeugen, welche nach dem 11. Kapitel der geheimen Offenbarung am Ende der Welt wiederkommen, von dem Lamme Zeugniß geben und Buße predigen 1260 Tage lang, aber, wenn sie ihr Zeugniß vollendet haben, von dem Thier, das aus dem Abgrund heraufsteigt, getödtet werden. So ist auch die Erklärung verständlich, welche der hl. Eucherius zum 2. Kapitel des 4. Buches der Könige gibt: „Elias ist in seiner Wegnahme von der Erde ein Bild der Himmelfahrt Christi: denn jener ist dem Tode nicht entflohen, vielmehr ist ihm dieser nur aufgeschoben. Unser Erlöser aber hat ihn überwunden, weil er ihn nicht aufgeschoben hat. In seiner Auferstehung hat er ihn vernichtet und durch seine Himmelfahrt die Herrlichkeit seiner Auferstehung zu erkennen gegeben."

Der hl. Augustin sieht in der Hinwegnahme Henochs von dieser Welt auch den vorbildlichen Zusammenhang mit unserer Verklärung (Civ. Dei XV, 19). In seiner dritten Rede Nro. 5 auf das Himmelfahrtsfest kommt der hl. Bernhard ebenfalls auf Elias und sagt, wie dieser ein Vorbild des Herrn, so sei Elisäus ein Vorbild der Apostel. Elisäus empfing, indem er den Elias auf seinem letzten Gang begleitete, auf seine Bitte den Geist des Elias in doppelter Kraft, die Apostel den Geist Jesu, daß sie größere Wunder thun werden, als er gethan (Joh. 14, 12).

26. Sendung des heiligen Geistes.

26. Sendung des heiligen Geistes.

Am Tage Pfingsten, das heißt am fünfzigsten Tage (nach Ostern nämlich), wurde die Verheißung Jesu, den heiligen Geist zu senden, erfüllt. Die biblische Erzählung Apostelgeschichte 2, 1—4 sagt uns darüber Folgendes: „Als der Tag des Pfingstfestes angekommen war, waren Alle beisammen an demselben Orte. Da entstand plötzlich vom Himmel ein Brausen, gleich dem eines daherfahrenden gewaltigen Windes, und erfüllte das ganze Haus, wo sie saßen. Und es erschienen ihnen zertheilte Zungen, wie Feuer, und es ließ sich auf einen Jeden von ihnen nieder. Und Alle wurden mit dem heiligen Geiste erfüllt und fingen an, in verschiedenen Sprachen zu reden, so wie der heilige Geist es ihnen gab auszusprechen."

Gott offenbarte diese Geistessendung schon im Alten Bunde durch den Propheten Joel, worauf das eine der Prophetenbilder in unserer Darstellung verweist. Dort steht Kap. 3, Vers 28—30 geschrieben: „Und darnach will ich meinen Geist über alles Fleisch ausgießen, daß weissagen eure Söhne und eure Töchter, Träume träumen eure Greise, und Gesichte sehen eure Jünglinge, ja auch über meine Knechte und Mägde will ich meinen Geist ausgießen in jenen Tagen." Es kann gar kein Zweifel darüber bestehen, daß hier ausdrücklich das zukünftige Pfingstwunder der Sendung des heiligen Geistes geoffenbart worden ist. Denn die heilige Schrift sagt das selbst. Der hl. Apostel Petrus nämlich erhob sich an jenem Tag und redete zu dem erstaunten Volke, unter welchem sich auch Spötter befanden, die da meinten, die Apostel seien voll süßen Weines: „Ihr Männer von Judäa und ihr Alle, die ihr zu Jerusalem wohnet, das sei euch kund gethan, und höret auf meine Worte. Diese sind nicht betrunken, wie ihr meinet, sondern das ist es, was durch den Propheten Joel gesagt wurde: ,Es wird geschehen in den letzten Tagen (spricht der Herr), da will ich von meinem Geiste über alles Fleisch ausgießen, und eure Söhne und eure Töchter werden weissagen, eure Jünglinge werden Gesichte schauen und euren Aeltesten werden Traumgesichte erscheinen. Ja, über meine Knechte und meine Mägde will ich in jenen Tagen von meinem Geiste ausgießen und sie werden weissagen'" (Apostelgeschichte 2, 13—18). Der andere Prophetenspruch ist dem Buche der Weisheit 1, 7, entnommen; er lautet: „Der Geist des Herrn erfüllt den Erdkreis, und der, welcher Alles umfaßt, hat die Wissenschaft der Sprache." Auch mit diesen Worten ist die Sendung des heiligen Geistes über die christliche Kirche und ihre Kinder im Alten Bunde geoffenbart worden.

Die Herabkunft Gottes zu Moses auf dem Berge Sinai, da wo er seine zehn Gebote gab, ist immer als ein Vorbild der Herabkunft Gottes des heiligen Geistes betrachtet worden. Man kann auch das 19. Kapitel des 2. Buches Mosis nicht lesen, ohne die große Aehnlichkeit der äußeren Erscheinungen in beiden Begebenheiten zu erkennen. „Sie sind," so drückt sich der hl. Hieronymus darüber aus, „beide am fünfzigsten Tage nach dem Paschafeste geschehen; jene auf dem Berge Sinai, diese auf dem Berge Sion; dort erzitterte der Berg unter dem Erdbeben, hier erbebte das Haus der Apostel; dort brauste unter Feuerflammen und zuckenden Blitzen der Sturmwind und erscholl der Donner, hier kam mit der Erscheinung feuriger Zungen vom Himmel her ein Brausen gleich dem eines heftigen Windes; dort mischte sich der Klang der Posaunen in die Worte des Gesetzes, hier erscholl die Posaune des Evangeliums aus dem Munde der Apostel." Diese äußeren Aehnlichkeiten sind selbst wieder das Sinnbild der innerlichen, wesentlichen Aehnlichkeit beider Begebenheiten. Auf Sinai spricht Gott: „Wenn ihr meine Stimme höret und meinen Bund haltet, so sollet ihr mir zum Eigenthum sein aus allen Völkern; denn die ganze Erde ist mein. Und ihr sollt mir ein priesterliches Königreich sein und ein heiliges Volk" (2 Mos. 19, 5. 6). Wie Israel durch Gott zu seinem priesterlichen Königreich erhoben wurde, so ist die Kirche, nachdem sie von Jesus gestiftet, in ihrer Grundverfassung eingerichtet und gesestigt war, am Pfingstfeste vom heiligen Geiste zum lebendigen Leibe Christi in geheimnißvoller Weise gemacht worden. Darum sagt der hl. Augustinus in seiner zweiten Rede auf das Pfingstfest: „Der Apostel sagt: ,Ein Leib, Ein Geist' (Ephes. 4, 4). Beachtet die Glieder unseres Körpers. Der Körper besteht aus vielen Gliedern und ein Geist belebt sie alle. ... Was unser Geist, d. h. unsere Seele, für unsere Glieder ist, das ist der heilige Geist für die Glieder Christi, d. h. für den Leib Christi, welcher die Kirche ist. Darum sagt der Apostel, als er von dem Einen Leibe gesprochen hatte, damit wir nicht glauben sollten, er sei ein todter Leib: ,Es ist Ein Leib.' Ich frage, ist dieser Leib lebendig? Er ist lebendig. Woher? Durch den Einen Geist. ,Es ist Ein Geist.'"

Dieses Alles ist in dem ersten Vorbild: Moses auf dem Berge Sinai und die göttliche Gesetzgebung auf demselben vorbedeutet. Das zweite Vorbild wird von den heiligen Vätern gleichfalls auf die Sendung des heiligen Geistes bezogen. Die Geschichte dieses Vorbildes ist im 3. Buche der Könige 18. Kapitel erzählt. Elias machte dem götzendienerischen König Achab und dem abtrünnigen Volke den Vorschlag, ihm und den Götzenpriestern des Baal zwei Stiere zum Opfer zu geben. Beide Thiere sollen auf die Opferaltäre gelegt, aber kein Feuer angezündet werden. Dann sollen die Götzenpriester die Namen ihrer Götter anrufen; „und ich," fährt Elias fort, „will den Namen meines Herrn anrufen; und der Gott nun, der mit Feuer erhört, derselbe soll Gott sein." Und das Volk antwortete: „Der Vorschlag ist sehr gut." Nachdem die Götzenpriester lange zu Baal geschrieen hatten, ohne erhört zu werden, betete der Prophet zu dem lebendigen Gott. „Da fiel Feuer des Herrn herab und verzehrte das Brandopfer, und das Holz und die Steine des Altars, auch den Staub, und leckte das Wasser, das in dem Wassergange (um den Altar) war" (Vers 38).

Armenbibel. 7**

27. Krönung Mariä.

27. Krönung Mariä.

Den Gerechten, welche im Dienste Gottes ausharren bis an das selige Ende, wird die ewige Seligkeit nicht bloß als unverdientes Geschenk, sondern als Lohn der Verdienste gegeben. Das ist eine Glaubenswahrheit, voll des süßesten Trostes. Dieser Lohn wird in der heiligen Schrift „Krone" genannt. Der Apostel Paulus sagt von sich: „Ich habe den guten Kampf gekämpft, den Lauf vollendet, den Glauben bewahrt. Im Uebrigen ist mir hinterlegt die Krone der Gerechtigkeit, welche mir Gott, der gerechte Richter, an jenem Tage geben wird, aber nicht bloß mir, sondern auch jenen, die seine Ankunft lieben" (2 Tim. 4, 7. 8). Und der Prophet Jesaias 28, 5: „An jenem Tage wird der Herr der Heerschaaren eine Krone der Herrlichkeit sein und ein Freudenkranz für die Uebrigen seines Volkes." Diese himmlische Krone ist doppelter Art: die eine ist die ursprüngliche und wesentliche, sie heißt im eigentlichen Sinne die Krone; die andere wird für besondere Verdienste gegeben und wird Aureole genannt. Eine solche gebührt den heiligen Märtyrern, wieder eine andere den heiligen Jungfrauen, andere anderen Verdiensten.

Die Krone, mit welcher die heiligste Jungfrau und Gottesmutter Maria am Tage ihrer Aufnahme in den Himmel gekrönt worden ist, ist der Inbegriff alles Lohns und aller Herrlichkeit, welche einem bloßen Menschen zu Theil werden können. Denn in ihren Gnaden, ihrer Würde, ihrer Heiligkeit, ihren besonderen Verdiensten überragt sie alle Engel und Heiligen in unaussprechlicher Weise. Ueberdieß steht sie noch über allen Seligen als Mutter Jesu, den sie uns geschenkt, für uns im Tempel aufgeopfert hat als das Schlachtopfer mit demselben Rechte einer menschlichen Mutter, wie Gott der Vater aus Liebe zu uns seinen Sohn mit dem Rechte des himmlischen Vaters geschenkt hat. Sie ist in Wahrheit die Königin aller Heiligen. Ihre Aufnahme und Krönung im Himmel ist die herrlichste Frucht der Menschwerdung, des Leidens und des Todes ihres gebenedeiten Sohnes, die glorwürdigste unter allen im Reiche des Königs der Ehren.

So kann also dieses Bild im Leben Jesu nicht fehlen, ebenso wenig die prophetische und vorbildliche Beziehung des Alten Bundes auf dasselbe. Die erste Prophezeiung aus dem Hohenliede 8, 5 hat die Kirche in die kirchlichen Tagzeiten vom Feste Mariä Himmelfahrt aufgenommen (1. Noct. des Octavtages). „Wer ist die, so heraufsteigt aus der Wüste, von Lust überfließend und auf ihren Geliebten gelehnt?" Die zweite Prophetenstelle aus Psalm 44, 13 lautet (mit dem vorausgehenden Vers): „Der König (Jesus) wird nach deiner Schönheit verlangen: denn er ist der Herr, dein Gott, und man wird ihn anbeten. Die Töchter von Tyrus, alle Reichen des Volkes werden mit Geschenken dein Angesicht anflehen."

Zu den vorbildlichen Frauen des Alten Bundes gehören Bethsabee, die Mutter des Königs Salomon, und Esther, die Königin. Von der ersten erzählt das 3. Buch der Könige 2, 19, als Salomon nach seines Vaters David Tode König von Israel geworden war: „Bethsabee kam zu dem König Salomon, um für Adonias mit ihm zu reden. Und der König stand auf, ging ihr entgegen, neigte sich vor ihr und setzte sie auf seinen Thron; und man stellte einen Thron für die Mutter des Königs und sie saß zu seiner Rechten." Der hl. Augustinus führt im 8. Kapitel des 17. Buches über „die Stadt Gottes" aus, daß Salomon ein Vorbild Jesu sei und daß alle Verheißungen, welche David für seinen Sohn Salomon gegeben wurden, erst in Jesu, dem Sprossen aus Davids Haus, erfüllt worden seien, und über den Thron Salomons als Vorbild Mariä haben die heiligen Väter, wie Petrus Damiani und Bonaventura, den Thron Salomons als Vorbild Mariä erklärt, der hl. Antoninus Bethsabee selbst in die Reihe der Vorbilder der Himmelskönigin gestellt. Esther, die von dem Könige Assuerus zur Würde einer Königin erhoben und so die Retterin des ganzen Volkes Gottes im persischen Reiche wurde, ist ein sprechendes Vorbild der Würde und Macht der Himmelskönigin. Hierüber sagt der hl. Bonaventura: „Die Königin Esther ist die seligste Jungfrau Maria, welche die Gunst des wahren Königs mehr als alle ihres Geschlechts besitzt und in die Wohnung der ewigen Ruhe eingeführt wurde." Und weiter sagt er: „Sie hat das Wohlgefallen Gottes in solchem Grade erlangt, daß sie nicht bloß die königliche Krone auf ihr Haupt empfing, sondern auch für ihr ganzes Geschlecht (nämlich das Volk Gottes) Gnade erlangte."

Weil jede gerettete Seele in Gottes Anschauung und in der Krone des ewigen Lebens ihr einziges und letztes Endziel hat, so ist die Krönung unserer himmlischen Königin auch ein Vorbild der Verherrlichung der Seligen und der Verklärung der Leiber, endlich ein schönes Sinnbild des himmlischen Reiches des Gottmenschen.

28. Das jüngste Gericht.

28. Das jüngste Gericht.

Alle die Geheimnisse, welche wir bis daher betrachteten, haben die Juden im Vorbilde geschaut, aus den Propheten erkannt und als zukünftig geglaubt und glauben müssen, um gerettet zu werden. Wir, die Christen, schauen es nicht im Vorbild, glauben es nicht als zukünftig; wir wandeln im Licht, schauen die Wahrheit des schon geborenen, gestorbenen und in den Himmel aufgefahrenen Erlösers.

Aber vor diesem Bild, welches uns den letzten, auf die Person des Erlösers sich beziehenden Artikel des apostolischen Glaubensbekenntnisses, die Wiederkunft Jesu des Richters, vor Augen stellt, steht die christliche Kirche, wie einstens auch die vorchristliche, als vor einem erst in der Zukunft zu erfüllenden Geheimniß, an das wir glauben, weil es uns die christliche Offenbarung und die Vorbilder lehren, sowie die Gerechten des Alten Bundes auf dasselbe Wort Gottes hin an die zukünftigen Geheimnisse des Erlösungswerkes glaubten. Wie die Sündfluth eine außerordentliche Strafe für die Sünden der Menschen war, so ist auch das schreckliche Ende der Welt eine Strafe für das namenlose Verderben der letzten Zeiten. Es werden falsche Christi auferstehen und werden große Zeichen und Wunder thun, so daß auch die Auserwählten verführt würden, wenn dieß möglich wäre. Das ist die Zeit des Antichrists, der durch Zulassung Gottes eine solche Macht der Verführung besitzt, daß kein Mensch gerettet würde, wenn diese Tage nicht abgekürzt würden. Aber um der Auserwählten willen werden sie abgekürzt werden (Matth. 24, 22—26). Diese Tage dauern drei Jahre und sechs Monate (Daniel 7, 25; Offenb. 11, 2 f.). Dieß ist die Zeit des Greuels und der Verwüstung im Heiligthum, von der Daniel spricht und worauf Jesus hinweist (Daniel 9, 27; Matth. 24, 15). In jenen Tagen wird Elias (und Henoch) wieder kommen, daß sie weissagen tausend zweihundert sechzig Tage, angethan mit Säcken; Elias wird der Väter (der Juden) Herz zu den Söhnen (den Christen) bekehren und Alles wieder herstellen (Mark. 9, 11; Offenb. 11, 3), dann aber nach Vollendung des Zeugnisses getödtet werden. Sogleich aber nach der Trübsal jener Tage wird die Sonne verfinstert werden, und der Mond seinen Schein nicht mehr geben, und die Sterne werden vom Himmel fallen und die Kräfte des Himmels erschüttert werden (Matth. 24, 29). Die Menschen werden verschmachten vor Furcht und Erwartung der Dinge, die über den ganzen Erdkreis kommen (Luk. 21, 26). Alsdann wird das Kreuz, das Zeichen des Menschensohnes, am Himmel erscheinen, und der Menschensohn selbst mit großer Kraft und Herrlichkeit erscheinen (Matth. 24, 30). Denn der Vater richtet Niemand, er hat dem Sohne die Macht gegeben, Gericht zu halten, weil er der Menschensohn ist (Joh. 5, 22. 26. 27). Er also ist es, der da kommen wird, zu richten die Lebendigen und die Todten und die Welt durch das Feuer. Er wird seine Engel aussenden (Matth. 24, 31), und die Todten, welche in den Gräbern sind, werden die Stimme des Sohnes Gottes hören und werden hervorgehen, die Guten zur Auferstehung des Lebens, die Bösen zur Auferstehung des Gerichts (Joh. 5, 28. 29).

Dieß sind die Züge des ernsten Bildes, welches die Offenbarung des Neuen Bundes vom jüngsten Gericht entwirft. Ganz dieselben sind schon von den Propheten des Alten Bundes entworfen: Psalm 95, 13 sagt: „Der Herr kommt, zu richten die Erde. Er wird richten den Erdkreis mit Gerechtigkeit und die Völker in seiner Wahrheit." Darauf weist das erste Prophetenbild hin, das zweite auf den Propheten Malachias 4, 13: „Siehe, ich werde euch den Propheten Elias senden, ehe denn der Tag des Herrn kommt, der große, der furchtbare. Der wird den Väter Herz zu den Söhnen wenden und der Söhne Herz zu ihren Vätern." Der Prophet Jesaias schildert die Ankunft des jüngsten Gerichts 13, 9. 10 also: „Siehe, der Tag des Herrn kommt, grausam, des Unwillens, Zornes und Grimmes voll, um zu verwandeln das Land in eine Wüste und seine Sünder daraus zu vertilgen. Denn die Sterne des Himmels und ihr Glanz lassen ihr Licht nicht leuchten; die Sonne geht finster auf und den Mond läßt sein Licht nicht glänzen." Ganz ebenso beschreibt der Prophet Joel 2, 10 und 3, 15 das Strafgericht. Nach dem Zeugnisse des Apostels Judas (Vers 14, 15) hat Henoch, der siebente von Adam, diesen Tag verkündet, indem er gesprochen: „Siehe, es kommt der Herr mit seinen Tausenden von Heiligen, Gericht zu halten über Alle, und zur Strafe zu ziehen alle Gottlosen wegen aller ihrer Werke der Gottlosigkeit." Daniel 7, 10 sagt, daß das Gericht gehalten und die Bücher (der göttlichen Allwissenheit) aufgethan werden, um alle Gedanken, Worte und Werke an den Tag zu legen und vor aller Welt zu offenbaren. Wie selbst das Dunkelste und Verborgenste durch den göttlichen Richter bloßgelegt wird, ist in dem Gericht und Urtheil Salomons sinnreich vorgebildet. Vom zweiten Vorbild liest man im 2. Buch der Könige 2, 19—23[1], daß Abner, der Feldherr Sauls, den ihn verfolgenden Asael mehrmals warnte, daß aber dieser nicht hörte. „Laß ab und jage mir nicht nach, daß ich nicht gezwungen sei, dich zu Boden zu bohren." Aber er verschmähte zu hören und wollte nicht weichen. Da durchstach ihn Abner und er starb an derselben Stelle. Das bedeutet die Langmuth Gottes und die Hartherzigkeit der verstockten Sünder. Gott aber weicht sozusagen von den Sündern zurück, flieht sie, um nicht sogleich strafen zu müssen, mahnt und warnt sie; diese aber lachen über die göttlichen Mahnungen, wie es Jesus selbst bei Matth. 24, 37—39 voraussagt: „Gleichwie es aber in jenen Tagen des Noe war, so wird es auch bei der Ankunft des Menschensohnes sein. Denn wie sie in den Tagen vor der Sündfluth aßen und tranken, zur Ehe nahmen und zur Ehe gaben, bis zu dem Tage, da Noe in die Arche ging, und nicht achtsam waren, bis die Sündfluth kam und Alle hinwegnahm, also wird es auch bei der Ankunft des Menschensohnes sein." So versteht der heilige Kirchenlehrer Papst Gregor dieses Vorbild in Lib. past. III. 17.

---

[1] Irrthümlich steht auf der Tafel 2. Buch der Könige 3, 28.

Gebet.

Jesus, mein unbeflecktes Osterlamm, meine heilige Erlösung, meine feste Hoffnung, meine vollkommene Liebe, meine wahre Auferstehung, mein ewiges Leben, meine seligste und ewig dauernde Wonne und Anschauung: ich flehe, bitte und rufe dich an, daß ich durch dich wandle, zu dir gelange, in dir ruhe, der du der Weg, die Wahrheit und das Leben bist, ohne welchen Niemand zum Vater kommt. Denn ich verlange nach dir, dem liebreichsten und schönsten Herrn. O Abglanz der väterlichen Herrlichkeit, der du über den Cherubim ruhest und die Abgründe durchforschest; wahrhaftes Licht, erleuchtendes Licht, unvergängliches Licht, in welches die Engel zu schauen gelüstet: siehe! mein Herz ist vor dir, zerstreue dessen Finsternisse, damit es von der Klarheit deiner Liebe reichlicher durchstrahlt werde. Gib mir, mein Gott, dich, gib mir dich wieder; siehe! ich liebe dich, und wenn es wenig ist, möchte ich dich kräftiger lieben. Ich kann es nicht ermessen, um zu wissen, was mir von deiner Liebe dazu mangelt, daß es genug sei, damit mein Leben in deine Umarmungen eile und nicht abgewendet werde, bis es sich berge in der Verborgenheit deines Antlitzes . . . Aber weil wir, so lange wir im Leibe sind, vom Herrn entfernt sind, so haben wir hier keine bleibende Stätte, sondern wir gehen einer künftigen entgegen. Deßhalb begebe ich mich unter der Führung deiner Gnade in die Kammer meines Herzens und singe dir Loblieder, mein König und mein Gott. Und in der Erinnerung an Jerusalem richte ich die Gefühle meines Herzens nach demselben, nach Jerusalem, meinem Vaterlande, nach Jerusalem, meiner Mutter, und nach dir, der du über dasselbe herrschest, nach dir, meinem Erleuchter, Vater, Beschützer, Vertheidiger, Führer, Hirten, der du Alles zugleich bist, als nach dem Einen, höchsten und wahren Gute. Und ich will mich nicht abwenden, bis du in den Frieden der geliebtesten Mutter alles einsammelst, was ich in dieser Zerstreuung und Entehrung bin, und es verklärest und befestigest in Ewigkeit, mein Gott, meine Barmherzigkeit" (St. August. Medit. Cap. 18).

In der **Herder**'schen Verlagshandlung in **Freiburg** sind erschienen und durch alle Buchhandlungen zu beziehen:

Bilder-Bibel.

Vierzig Darstellungen

der wichtigsten Begebenheiten

des Alten und Neuen Testaments.

40 Blätter in Lithographie, colorirt.

Mit Titel, Inhaltsverzeichniß und einer Textbeilage.

Größe der Blätter: 44 auf 50 Centimeter.

Neue Ausgabe mit vollständig neuem Colorit.

Colorirt M. 14; in hübscher Halbleinwandmappe M. 15; in seiner Mappe, Leinwand mit Deckenpressung M. 17; jedes Blatt einzeln, colorirt 35 Pf., uncolorirt 30 Pf.

Dieses Werk kann für Schulen auch auf Carton aufgezogen geliefert werden.

Pädagogischer Jahresbericht 1881.

„Die Zeichnung ist durchweg sorgfältig und correct ausgeführt. Auch die Colorirung ist, bis auf unbedeutende Kleinigkeiten, eine sehr saubere. Auf die Charakterisirung äußerer wie innerer Zustände und Vorgänge ist großer Fleiß verwendet. Das Streben nach möglichster Treue in der Darstellung der Localitäten, der Kleidung, der Geräthe u. s. w. zeigt sich auf allen Bildern. In den Mienen und der ganzen Haltung der bei einer Begebenheit betheiligten Personen kommt die Bewegung ihres Innern zum lebendigen Ausdruck. Die Bilder sind zum Theil nach berühmten Vorbildern gezeichnet. Man sieht es ihnen auf den ersten Blick an und erlernt es, je mehr man sich in sie vertieft, um so mehr, daß sie nicht bloßer buchhändlerischer Speculation, sondern dem Wunsche ihre Entstehung verdanken, ein wirklich gediegenes und künstlerisch werthvolles Hilfsmittel in den Dienst des Religionsunterrichtes zu stellen, durch welches derselbe namentlich für die Schüler der ersten Klasse belebt und anziehend gemacht werden kann. Wir sind überzeugt, daß die Betrachtung dieser Bilder den Kindern nicht nur eine große Freude sein, sondern auch die dargestellte Begebenheit unverlierbar fest ihrer Seele einprägen wird."

Von Herrn regul. Chorherrn Langthaler in Niederwaldkirchen (Ober-Oesterreich).

„Ihre Bilder-Bibel ist die weitaus beste, die ich kennen lernte. Ich habe mich, da ich als Katechet selbe meinen Schülern vorzeigte, selbst überzeugt, wie diese Bilder ein ausgezeichnetes Mittel sind, die biblischen Erzählungen den Kleinen einzuprägen; die Kinder finden an der herrlichen Darstellung, den frischen Farben den größten Gefallen — an edler Darstellung, Reinheit der Zeichnung, Schönheit des Colorites übertrifft diese Bilder-Bibel alle übrigen."

Von Herrn Grafen Pocci.

„Mit außerordentlichem Wohlgefallen und großer Freude habe ich heute Ihre Bilder-Bibel gesehen. Wie wäre es doch zu wünschen, daß dieses treffliche Werk in der Kinderwelt recht allgemein verbreitet würde und namentlich für Volksschulen in Gebrauch käme!"

Mehrere hochw. erzbischöfliche und bischöfliche Ordinariate des In- und Auslandes haben das Werk nachdrücklich empfohlen.

Probe der Illustration: Jesus trägt das schwere Kreuz. (Verkleinerung des XXXIV. Blattes der „Bilder-Bibel".)

In der **Herder**'schen Verlagshandlung in Freiburg sind erschienen und durch alle Buchhandlungen zu beziehen:

Gnadenbild Maria Schnee in Rom,
nach frommer Sage
vom hl. Lukas gemalt.
Originalbild der „Dreimal wunderbaren Mutter" in Ingolstadt.
Getreuer xylographischer Farbendruck auf Goldgrund.
I. Format: Imperial-Folio,
37 auf 55 Centimeter ohne Rand.

Unaufgezogen auf Papier M. 6; aufgezogen auf Blendrahmen M. 7.

In stylgerechtem Originalrahmen à M. 18, M. 20 oder M. 24.

In gewöhnlichem Leistenrahmen M. 12.

Außerdem ist das Bild in derselben Ausführung noch in den beiden folgenden Größen vorräthig:

II. **Groß-Oktav:** 17 auf 26 Centimeter mit Papierrand, 10 auf 13½ Centimeter ohne denselben. Mit lateinischem und deutschem Gebet 40 Pf. Zwölf Stück in Enveloppe M. 3.60.

III. **Klein-Oktav:** 11½ auf 17 Centimeter mit Papierrand, 7 auf 10 Centimeter ohne denselben (Größe wie das Herz-Jesu-Bild). Mit deutschem Gebet. Zum Einlegen in Gebetbücher geeignet. Zwölf Stück in Enveloppe M. 2. 100 Stück M. 15.

Das allerheiligste Herz Jesu.
Nach dem Originalgemälde von L. Kupelwieser in der Jesuitenkirche zu Wien.
In prachtvollem xylographischem Farbendruck auf Goldgrund ausgeführt von H. Knöfler.
Klein-Oktav.

11½ auf 17 Centimeter mit Papierrand, 7 auf 10 Centimeter ohne denselben.

12 Stück in Enveloppe M. 2. — 100 Stück M. 15.

In Quartformat erscheint dieses Herz-Jesu-Bild in Kurzem.

Die Reproduktion dieses Bildes des bekannten kirchlichen Historienmalers Kupelwieser, von Knöfler in Wien mit gewohnter Meisterschaft getreu nach dem Originale in Farben auf Goldgrund gedruckt, wird von allen Verehrern des allerheiligsten Herzens Jesu willkommen geheißen werden. Zum Einlegen in Gebetbücher, als kleines Geschenk und zum Vertheilen an Mitglieder des Gebetsapostolats und der Herz-Jesu-Bruderschaften dürfte sich kaum ein entsprechenderes Bildchen finden. Auch zum Einrahmen ist dasselbe zu verwenden.

| Achtundvierzig Darstellungen aus dem **Leben Jesu und der Heiligen.** Nach Zeichnungen von A. und L. Seitz. gr. 8°. (48 Blätter.) M. 1.50. | Achtundvierzig Darstellungen aus dem **Alten und Neuen Testament** in Holzschnitt, mit beigefügtem biblischem Texte. Quer-4°. (104 S.) M. 3. Elegant gebunden M. 5. **Colorirte Ausgabe.** M. 4. Elegant gebunden M. 6. |